하루습관

SHIGOTO GA HAYAI HITO NO SUGOI SHUKAN & SHIGOTO JUTSU

Copyright © 2006 by Naota HAMAGUCHI
First published in 2006 in Japan by PHP Institute, Inc.
Korean translation rights arranged with PHP Institute, Inc.
through Japan Foreign-Rights Centre/Shinwon Agency Co.
Korean translation rights © 2013 by KEORUM Publishing Co.

이 책의 한국어판 저작권은 신원 에이전시를 통한 저작권자와의 독점 계약으로
기획출판 거름에 있습니다.
저작권법에 의해 한국 내에서 보호를 받는 저작물이므로 무단전제와 무단복제를 금합니다.

오늘을 잃지 않는 기술

하루습관

하마구치 나오타 지음 · 고경문 옮김

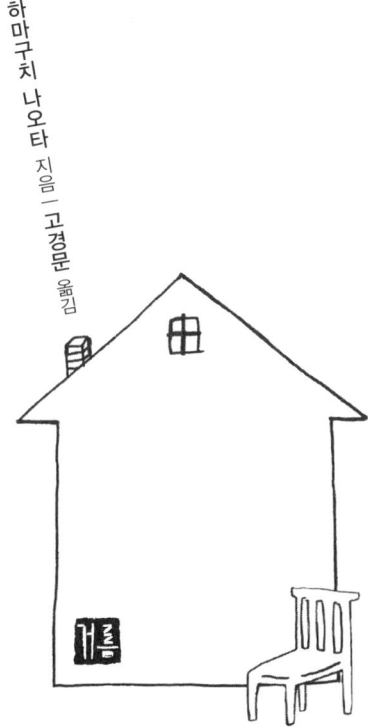

프롤로그

나의 발견 :
하루를 이겨야 평생을 이긴다

이 책은 '나는 다른 사람보다 뛰어나지 않다'라고 생각하는 사람에게 매우 유용합니다. 왜냐하면 이 책을 쓴 저 자신이 고등학교를 졸업할 때까지 남보다 무엇 하나 잘하는 것이 없는 평범한 사람이었기 때문입니다. 이 책에서 소개하는 '일하는 방법'은 제가 인생 패자부활전에서 '역전 굿바이홈런'을 치려고 남은 인생을 걸고 노력해서 터득한 것입니다.

저는 이 방법을 철저히 실천한 덕분에 꿈에 그리던 세계최고 수준의 국제회계·경영컨설팅회사 뉴욕 본사에서 일할 수 있게 되었으며 빠른 승진도 할 수 있었습니다. 그리고 대학 졸업 후 10년 만에 젊은 시절 세운 저의 목표인 국제경영컨설팅회사를 창립했습니다.

　이 책에 소개하는 '일하는 방법'은 저와 제 성공한 친구들이 실제로 실천하는 목표달성 노하우입니다. 목표를 달성하려면 '빠른 일처리'가 필요합니다. 저는 이 책에서 일하는 방법과 일에 임하는 자세를 최대한 알기 쉽고 자세히 설명하려 노력했습니다. 이 책에 나오는 모든 방법이 모든 업무에 바로 적용될 수 있다고는 생각하지 않습니다. 그러나 자신에게 맞는 방법 몇 가지만 골라 열심히 실천해도 효과가 좋을 것입니다. 바보 같고 나약한 인간이었던 제가 이 방법으로 목표를 달성했습니다. 이 책에서 제시하는 저의 일하는 방법은 여러분에게도 효과가 있을 것입니다.

　저의 업무철학은 '하루를 이겨야 평생을 이긴다'입니다. 하루를 이기려면 하루의 일을 매일 확실히 완결지어야 합니다. 이 책에는 아침에 일어나 밤에 잠들기까지 무엇을 해야 하고 어떻게 생각해야 하는지, 그 포인트를 구체적으로 설명했습니다. 이 책을 읽고 제가 제안하는 방법을 실천해 한 사람이라도 자신의 꿈을 실현하면 진정으로 행복하겠습니다. 저는 지금도 이 방법으로 모든 비즈니스에 도전하고 있습니다.

차
례

프롤로그
나의 발견 : 하루를 이겨야 평생을 이긴다 … 5

제1장
좋은 하루습관이 삶을 만든다

밥을 먹듯이 하루습관
숨을 쉬듯이 하루습관

- 15 나의 아침은 몇 시부터인가?
- 18 하루를 이기는 사람은 목표가 구체적이다
- 20 일의 주인이 되어야 하루를 이긴다
- 22 스스로 해결하려는 능동성이 '나의 하루'를 만든다
- 25 누구든 급여를 받고 일한다면 하루를 소홀히 보낼 수 없다
- 27 잔업을 하지 않았다면 최고의 하루를 보낸 것이다
- 32 "당신의 지원과 협력에 감사합니다. 오늘 하루가 즐거웠습니다."
- 34 오늘은 '내 꿈의 날짜'가 며칠인가?
- 39 생각하는 하루를 보내는 법
- 43 오늘이 내 살아온 삶의 전체다
- 46 하루를 가장 맑고 가볍게 사는 길은 바르게 먹는 것이다
- 51 포기하지 않는 하루, 끈기 있는 하루, 몸을 단련하는 하루를 산다
- 55 "하루하루가 승부입니다."
- 58 오늘 일은 오늘 끝낸다
- 61 말보다 실행이 먼저인 하루를 만든다

64	생각 없이 한 일이 생각 없는 하루를 만든다
67	오늘 나는 내가 만난 사람들에게 도움이 되었을까?
69	자신이 넘어서야 할 멘토를 매일 바라본다
72	자존심을 버려야 하는 날은 자신이 성장하는 날이다
76	슬럼프에 빠진 자신을 가장 빨리 구하는 길은 매일 힘써 공부하는 것이다

제2장

아침 해가 떴습니다

하루를 깨우는 기상습관

83	몸과 마음 맑게 깨우기
86	기도·묵상·리츄얼
89	강한 결의와 간절한 기원
92	오늘의 스타일

제3장

일하러 나갑니다

가벼운 발걸음, 행복한 시간

97	출근시간에 보이는 것들
99	짧지만 크게 쌓이는, 출근공부
103	새로운 것을 발견하는 시간
105	좋은 아이디어는 이동 중에 나온다

제 4 장

긴장과 흥분이 교차하는 시간

아침에 먼저 해야 할 일

- 111 하루의 목표를 정한다
- 114 '할 일 리스트'를 구체적으로 만든다
- 117 '반성·꿈·목표 노트'로 동기부여를 한다
- 121 전략적인 스케줄인가?
- 123 일의 순서를 정하는 법
- 126 연락은 다른 일이 몰려오기 전에
- 128 감사편지 보내기

제 5 장

자, 오늘 하루 열심히 살아 봅시다

머리 쓰는 일·마음 밝은 일

- 133 마음을 담은 밝은 인사
- 135 머리가 맑을 때, 머리 쓰는 일 하기
- 137 문서 작성과 글쓰기 연습
- 140 중요한 회의는 전원이 모이는 오전에
- 143 오 마이 갓! 모르는 것은 물어볼 사람이 있는 오전에

제6장

발에 땀나는 시간이야. 여기는 전쟁터일까?

일 잘하는 사람이 일하는 법

- 149   전화통화는 짧게
- 152   전달 사항은 결론부터
- 154   전력투구
- 157   성심성의
- 160   정신없는 낮 시간에 메모장은 필수

제7장

잠시 호흡을 가다듬고

차이를 만드는 법

- 165   일일업무보고서가 없다면, 하루 일을 안 한 것이다
- 169   오늘의 일을 완결하지 않았다면, 내일도 오늘이다
- 172   내일 아침회의 준비를 안 하고 퇴근했을 때, 벌어질 수 있는 두세 가지 것들
- 176   정리정돈은 하루 일의 마지막 순서

제8장

넥타이를 풀고, '또 다른 나'를 만드는 시간

실력을 쌓는 저녁 시간 활용법

- 183 저녁 술자리는 진심과 배움이 교차하는 강의실이다
- 189 인맥은 실력이다
- 194 공부 없이 성공은 없다
- 199 동향과 정보 수집
- 202 성장의 지름길, 인성독서

제9장

꿈이 오늘 하루를 밀고 갔노라

잠자기 전 반성과 결의

- 207 '반성·결의일기'는 자기계발의 기본기
- 210 짧은 시간이라도 매일, 가족과 대화합니다
- 214 친구야 고맙다
- 217 최신 유행이나 트렌드 정리하기

에필로그
인생을 걸어야 한다 … 220

제 1 장

좋은 하루습관이 삶을 만든다

밥을 먹듯이 하루습관 숨을 쉬듯이 하루습관

나의 아침은 몇 시부터인가?　하루를 이기는 사람은 목표가 구체적이다　일의 주인이 되어야 하루를 이긴다　스스로 해결하려는 능동성이 '나의 하루'를 만든다　누구든 급여를 받고 일한다면 하루를 소홀히 보낼 수 없다　잔업을 하지 않았다면 최고의 하루를 보낸 것이다　"당신의 지원과 협력에 감사합니다. 오늘 하루가 즐거웠습니다."　오늘은 '내 꿈의 날짜'가 며칠인가?　생각하는 하루를 보내는 법　오늘이 내 살아온 삶의 전체다　하루를 가장 맑고 가볍게 사는 길은 바르게 먹는 것이다　포기하지 않는 하루, 끈기 있는 하루, 몸을 단련하는 하루를 산다　"하루하루가 승부입니다."　오늘 일은 오늘 끝낸다　말보다 실행이 먼저인 하루를 만든다　생각 없이 한 일이 생각 없는 하루를 만든다　오늘 나는 내가 만난 사람들에게 도움이 되었을까?　자신이 넘어서야 할 멘토를 매일 바라본다　자존심을 버려야 하는 날은 자신이 성장하는 날이다　슬럼프에 빠진 자신을 가장 빨리 구하는 길은 매일 힘써 공부하는 것이다

살아가는 하루하루의 삶이
나의 삶이다.

조너선 스위프트

나의 아침은 몇 시부터인가?

 일처리가 빠른 사람은 아침을 유용하게 활용한다는 공통점이 있습니다. 여기서 말하는 '아침의 활용'은 일찍 일어나 아침 시간을 유용하게 사용하는 것을 말합니다. 아침을 어떻게 시작하느냐에 따라 그날 하루가 결정됩니다.
 "시간에 쫓기면 안 됩니다. 시간을 쫓아야 합니다."
 사람에 따라 시간 개념의 차이가 있어 이른 아침이 몇 시인지 사람마다 다릅니다. 저는 5시 이전을 이른 아침이라고 생각합니다. 5시 전에 일어나면 출근 전까지 적어도 2시간의 여유가 생깁니다. 그 시간에 상당한 일을 할 수 있습니다.
 사람은 이른 아침에 머리가 가장 맑습니다. 강한 집중력이 생깁니다. 아침 일찍 일어나 창의력이 필요한 일을 하면 매우 효과가 좋습니다. 신규사업계획을 세우거나, 새로운 경영 전략을 기획하면 매우 능률적입니다.

아침을 잘 활용하지 못하는 사람은 반드시 활용할 수 있게 손을 써야 합니다.

제가 아는 사람 중에 거의 매일 아침 지각하는 사람이 있습니다. 지각하고 바로 후회하여 '내일부터는 절대로 지각하지 않겠다!'라고 결심하지만 다음 날이 되면 또 지각합니다. 후회와 결심을 반복하지만 고치지 못합니다. 상습적으로 지각하는 사람은 아침을 활용하지 못한다는 공통점이 있습니다. 그들은 모두 아침 일찍 일어나지 못합니다. 사실 아침 일찍 일어나기가 쉽지 않습니다. 어떻게 하면 아침 일찍 일어날 수 있을까요? 아침 일찍 일어나 아침을 잘 활용하는 사람은 잠들기 전에 고민을 합니다. 내일 아침 일찍 일어나야 한다는 긴장감을 가지고 잠자리에 듭니다. 아침에 눈을 뜸과 동시에 긴장감이 자신의 생활과 행동에 대한 책임감으로 바뀝니다. 아침 일찍 일어나는 사람은 아침에 늦게 일어나는 것이 자신에게 얼마나 큰 손해인지를 잘 알고 있습니다. 아침에 늦게 일어나 하루가 엉망이 되는 것을 두려워합니다.

아침을 활용하지 못하는 사람이 아침을 잘 활용하는 사람으로 바뀌면 하루가 놀랄 정도로 바뀝니다. 저도 그 효과를 직접 느꼈습니다. 저는 고등학교를 졸업할 때까지 상습적으로 지각을 했습니다. 대학교에 들어간 뒤, 아침에 일찍 일어나기로 결심하고 지금까지 그것을 지켰습니다. 그 후 지각한 일이 거의 없었다고 자부합니다. 저 같은 지각 상습범이 어떻게 지각하지 않게 되었는지 궁금할 것입니다. 저는 확실한 목표를 가진 뒤 생활습관이 크게 바뀌었습니다. 인생의 구체적인 목표가 없을 때는 지각을 밥 먹듯이 했지만 '국제경영컨설턴트가 되겠다'는 목표를 정하고 난 다음부터는 그 목표 달성에 실패해선 안 된다는 위기감을 가지고 최선을 다해 지각하지 않으려고 노력했습니다.

아침에 일찍 일어나 아침을 활용하고 나서는 인생 자체가 바뀌기 시작했습니다. 아침을 장악하려면 먼저 구체적인 목표를 세웁시다.

하루를
이기는 사람은
목표가
구체적이다

목표를 달성하려면 구체적으로 목표를 세워야 합니다. 목표가 명확하지 않으면 무엇을 노력해야 할지 막막하기 때문입니다. '부자가 되고 싶어', '성적을 올리고 싶어', '일을 잘하고 싶어', '사람에게 인기가 있었으면 좋겠어'라고 막연하게 생각해서는 안 됩니다. 자신의 희망에 구체적인 목표를 세우고 매진하지 않으면 무엇을 해야 할지 몰라 막연한 바람으로 끝나버립니다. 구체적인 목표를 세우지 않으면 노력하고 싶어도 무엇을 어떻게 해야 하는지 모릅니다. 목표를 확실히 달성해 성과를 올리려면 구체적인 계획부터 세워야 합니다. 그 계획은 구체적일수록 좋습니다.

저는 영어실력과 학습능력이 다른 사람보다 현저히 모자랐지만 비교적 빨리 저의 목표인 '국제경영컨설턴트'가 되었습니다. 그 이유는 제가 남보다 빨리 구체적인 목표를 세웠기 때문입니다. 국제경영컨설턴트가 되려고 마음먹은 뒤 구체적인 목표를 세운 것이 고등학교 3학년 때입니다.

목표가 구체적이면 노력하기 쉽습니다. 거꾸로 목표가 모호하면 노력하기 힘듭니다. 무엇을 해야 할지 모르기 때문입니다. 따라서 큰 목표를 세우고 그것을 이루기 위한 작은 목표를 구체적으로 세워야 합니다. 그렇게 하지 않으면 아무리 큰 목표를 세워도 한낱 망상에 불과합니다.

작은 목표를 구체적으로 세워 차근차근 이루어 나가지 않으면 큰 목표를 이룰 수 없습니다. 진심으로 달성할 생각이 없는 목표를 세우면 역효과가 납니다. 노력하지도 않을 큰 목표를 세워 이루지 못하면 패배의식에 젖어 인생이 불행해지기 때문입니다.

일의
주인이 되어야
하루를
이긴다

자신의 목표는 자기 스스로 만들어야 합니다. 목표에 따라 필요한 일을 알아서 만들어야 합니다. 남에게 고용되어 있으면 자신에게 맡겨진 일을 하는 것은 당연합니다. 그러나 수동적으로 맡겨진 일만 해서는 안 됩니다. 회사와 직장의 발전을 위해 알아서 일을 만드는 열정이 있어야 합니다. 지금 조직이 필요로 하는 인재는 알아서 일하는 사람입니다.

안타깝게도 한국이나 일본 등 아시아권의 학생은 공부를 수동적으로 했습니다. 그런 학생은 사회인이 되어도 솔선해서 일하지 못합니다. 평생을 수동에 젖어 있었기 때문에 솔선이 무엇인지 개념 자체를 모릅니다. 대부분의 사람이 몰라서 못합니다.

 일 잘하는 사람은 스스로 목표를 정하고 알아서 일을 합니다. 제 지인 중에 대학을 졸업하고 생명보험회사에 취직한 사람이 있었습니다. 그녀는 수년간 현장에서 업무 훈련을 받은 뒤, 회사에 큰 도움이 되는 기획안을 세워 직장상사에게 보고했습니다. 직장상사는 그녀의 평상시 업무능력을 높이 인정했습니다. 그녀의 기획안을 검토한 상사는 그 사업이 회사에 큰 이익을 가져올 것이라고 생각해 회사의 임원진에게 보고했습니다. 그녀의 기획안을 높이 평가한 경영진도 바로 실시하라는 지시를 내렸습니다. 그녀의 기획을 실행하려면 새로운 부서가 필요했습니다. 새 부서의 책임자로 기획안 제출자인 그녀가 발탁되었습니다. 지금까지 그녀의 상사였던 직원들이 갑자기 그녀의 부하직원이 되어 버렸습니다. 그녀보다 20살 이상 나이가 많은 부하직원이 20명 이상 생겼습니다. 그녀는 자신의 힘으로 당당하게 부장 자리를 꿰찼습니다.

 이것은 극단적인 예이지만 앞으로는 이러한 예가 점점 늘어날 것입니다. 일 잘하는 사람은 스스로 일을 만들고 알아서 일을 합니다. 자신의 일을 스스로 만들 수 있는 원동력은 구체적인 목표 설정입니다. 목표를 설정하면 자신이 알아서 해야 할 일이 보이기 때문입니다.

스스로
해결하려는 능동성이
'나의 하루'를
만든다

목표를 빨리 달성하는 사람과 그렇지 않은 사람의 결정적인 차이는 무엇일까요? 전자는 적극적, 능동적이고 후자는 소극적, 수동적입니다.

   일을 하다보면 문제가 발생합니다. 문제가 발생하지 않는다는 것은 제대로 일하고 있지 않다는 증거인지도 모릅니다. 인간이므로 아무리 노력해도 실패나 실수가 발생합니다. 목표를 정확하게 빨리 달성하는 사람은 어떤 일이든 문제가 발생할 것이라는 예상을 합니다. 일을 시작하기 전에 예상되는 문제점을 체크합니다. 문제점을 빨리 발견하려고 신경을 곤두세웁니다.

목표를 빨리 달성하지 못하는 사람은 생각 없이 일만 죽어라고 합니다. 그런 사람은 다른 부서나 의뢰인에게 자신의 일이 넘어가면 업무가 종결되었다고 생각합니다. 그러나 넘긴 일을 다른 부서나 의뢰인의 피드백을 받아 다시 한 번 체크하지 않으면 아직 끝난 것이 아닙니다. 이것은 책임감입니다. 목표를 달성하는 사람은 어떤 업무든지 강한 책임감을 가지고 추진합니다. 문제가 생기면 해결할 때까지 고민하고 노력합니다. 해결하지 못해 전전긍긍하면 그 사람의 진지한 태도나 노력하는 자세를 본 주변 사람들이 도와줍니다.

문제가 발생했을 때 해결하려고 진지하게 고민하거나 열심히 노력하지 않고 바로 주변 사람들에게 물어보거나 도움을 청하는 사람이 있습니다. 이런 사람은 발전하지 못합니다. 목표달성도 할 수 없습니다. 고민하고 노력해야 발전합니다. 그래야 비로소 자신의 목표를 달성할 수 있습니다.

다른 사람이 지시하거나 말하기 전에 알아서 일을 찾고 문제가 발생하면 해결책을 강구해야 합니다. 만약 실패한다 해도 좋은 경험이 됩니다. 그 실패가 당신의 장래에 큰 도움이 됩니다. 그 경험을 다른 일에 적용하거나 참고할 수 있기 때문입니다.

스스로 생각하고, 알아서 문제점을 발견해 적극적으로 해결하려는 자세를 가져야 크게 발전합니다. 그러한 행동을 반복하면 대부분의 문제를 스스로 해결할 수 있게 됩니다. 이런 습관과 태도가 자신의 하루를 만들어가는 기본입니다.

> 누구든
> 급여를 받고 일한다면
> 하루를 소홀히
> 보낼 수 없다

일을 잘하는 사람은 '누구를 위해, 무엇 때문에 이 일을 하는가'를 끊임없이 생각합니다. 일하는 목적을 정확히 알고 난 후 작업에 들어갑니다. 매번 이렇게 생각하면 전략적인 발상이 가능합니다. 그것이 효율성 있게 일하는 사람의 공통된 특징입니다.

 항상 이익창출을 생각해야 합니다. 일을 의뢰받거나 담당이 되면 어떻게 해야 이익을 창출할 수 있을지를 궁리합시다. '나는 신입사원이기 때문에 괜찮아'라고 생각하는 사람은 기본적인 정신상태가 잘못되어 있습니다. 신입사원이지만 급여를 받고 일한다면 프로페셔널입니다. 급여나 직위와는 관계없습니다. 돈을 받으며 일을 한다는 것이 중요합니다. 절대로 잊어서는 안 됩니다. 자신이 일하는 회사나 조직에 이익을 주지 못한다면 월급 받을 자격이 없습니다.

일의 본질이 뭘까요? 일의 본질은 적은 비용과 짧은 시간 안에 보다 효율적으로 많은 성과를 올리는 것입니다. 자신이 일하는 회사나 부서에 얼마나 이익을 가져 오는가가 중요합니다. 이것은 어떤 사원이든 끊임없이 추구해야 하는 사명입니다. 신입사원이든, 간부사원이든 돈을 받고 일한다는 면에서는 같습니다. 이익 창출은 직책과 관계가 없습니다. 회사나 조직의 구성원이 된 이상 그 회사와 조직에 보다 많은 이익을 가져올 수 있게 노력해야 합니다. 열심히 노력하지 않으면 당신의 존재가치가 희미해집니다. 존재가치가 없어지면 퇴출은 시간문제입니다.

다시 한 번 강조합니다. 회사는 당신에게 돈을 지불하고 있으므로 당신은 철저히 회사와 조직의 이익을 위해 행동해야 합니다. 그렇게 하지 않으면 당신은 필요 없는 존재가 되어 버립니다. 회사나 조직에 고용되어 일을 하면 회사 입장에서 생각하고 행동해야 한다는 것을 잊어서는 안 됩니다. 그것이 돈을 받고 일하는 프로페셔널의 진정한 자세입니다.

잔업을
하지 않았다면
최고의 하루를
보낸 것이다

    잔업 해야 했던 고도성장기의 호황은 이제 끝났습니다. 지금은 생산성, 품질, 속도를 중시합니다. 잔업하지 않고 요령 있게 빨리 일하는 사람이 인정받는 시대입니다. 많은 업무를 처리한다고 좋은 평가를 내리지 않습니다. 회사나 조직에 공헌한 성과의 정도, 즉 아웃풋이 가장 중요한 평가기준이 됩니다.

    잔업하지 않고 요령 있게 일을 끝내고 남은 시간을 유용하게 활용하는 지혜가 필요합니다. 여분의 시간을 개인적인 일에 사용해 정신적, 육체적 스트레스를 줄입시다. 내일 사용할 에너지를 충전합시다. 남은 시간을 공부에 활용한다면 업무에 필요한 전문지식·어학능력·교양 등을 쌓아 실력과 인간성을 배양할 수 있습니다. 큰 그릇의 사람이 되어 결국 목표를 달성하게 됩니다.

　잔업을 해야 겨우 일을 마무리하는 직원은 높이 평가받지 못합니다. 일처리가 느리고 요령 없는 직원으로 취급당합니다. 일을 잘한다는 것은 업무시간 안에 자신의 모든 일을 완성도 높게 처리한다는 것입니다. 평범한 직원은 잔업을 해야 주어진 일을 겨우 끝냅니다. 회사에 필요 없는 직원은 잔업을 해도 자신의 일을 끝마치지 못하는 사람입니다. 그런 직원은 요령이 없어서 시간만 낭비합니다. 일처리의 내실도 없습니다.

　왜 같은 사람인데 이렇게 차이가 발생하는 걸까요? 답은 간단합니다. 일처리가 느린 사람은 반드시 해야 할 일, 우선적으로 해야 할 일에 집중하지 않기 때문입니다. 아무리 유능한 직원도 두세 가지 일을 동시에 하면 벅찹니다. 어느 일도 제대로 끝내기 힘듭니다. 이도저도 아니게 되어 오류나 실수가 빈번해지고 일처리가 느려집니다. 우선순위를 정해 중요하고 급한 일부터 집중해서 처리해야 합니다. 하나에만 집중하면 오류나 실수가 적고 의외로 빨리 끝납니다. 여러 가지 일을 동시에 추진하면 집중력이 떨어집니다. 일처리에 기세가

오르지 않습니다. 하나의 일을 처리하는 데 상당한 시간이 걸립니다. 단시간에 완성도 있는 일을 하려면 여세를 몰아야 합니다. 일처리가 느린 사람은 요령이 없습니다. 일처리에 많은 시간이 걸리고 업무내용이 부실해집니다. 일처리에 요령이 없는 사람은 보고서에 일의 본질에서 벗어난 사항을 장황하게 적습니다. 중요하지 않은 부분에 연연하여 보고서의 양이 많아지고 많은 시간이 소요됩니다. 본인이 작성한 보고서의 양을 보며 득의양양해하지만 바쁜 직장상사는 장황한 보고서를 보는 순간 눈살부터 찌푸립니다. 보고서의 양이 많으면 읽는 데 시간이 걸립니다. 양은 많지만 정작 필요한 내용은 없습니다. 무엇을 의도하는지 파악하기 어려운 내용으로 꽉 차 있습니다. 그런 보고서를 본 바쁜 직장상사는 짜증이 납니다. 이해하기 힘든 보고서를 보는 것만으로도 스트레스가 쌓이기 때문입니다. 이런 부하직원은 직장상사의 시간도둑입니다. 부하직원에게 업무내용을 다시 설명해야 하거나 보고내용의 수정을 지시해야 합니다. 직장상사의 일이 늘어납니다. 이런 부하직원은 회사의 짐 같은 존재입니다. 직장상사나 동료직원들은 그런 직원을 다른 부서로 보내고 싶어 합니다. 심한 경우에는 그 직원이 그만두었으면 합니다.

만약 당신이 일처리가 느린 사람이라면 어떻게 해야 할까요? 전혀 어렵지 않습니다. 일의 본질을 파악하고 필요한 것만 하면 됩니다. 보고서 작성을 할 때는 '무엇을, 누구에게, 언제까지' 이 3가지 기본항목만 명심하십시오. 직장상사가 '무엇을, 언제까지, 어떤 이유로' 알고 싶은지를 파악합시다. 먼저 어디까지 보고하면 되는지, 서면으로만 보고해도 되는지를 생각합니다. 다음은 당신이 보고를 받는 입장에서 생각합니다. 나라면 '어떤 보고를 언제까지 받고 싶은지'를 재빨리 판단한 뒤 보고서 작성에 착수합니다. 일 잘하는 직원과 그렇지 않은 직원의 결정적 차이는 이러한 부분입니다. 일 잘하는 직원은 상대방의 입장에서 상대방이 원하는 것을 원하는 시간에 원하는 만큼 제공할 줄 압니다.

보고서 작성의 본질은 포인트를 간단명료하게 알려주는 것입니다. 직장상사에게 상세한 부분까지 알려줄 필요는 없다고 생각하십시오. 상사가 알아야만 하는 것, 알고 싶은 것만을 추려서 보고서를 작성합니다. 항목별로 일목요연하게 정리하고 필요하다면 그림이나 차트를 사용합시다. 될 수 있으면 알기 쉽게 필요한 포인트만을 정리합니다. 중요한 포인트를 알고 여세를 몰아 집중적으로 일하면 잔업을 하지 않아도 업무시간 내에 모든 일처리가 가능합니다.

일의 포인트를 알면 논리적으로 알기 쉽게 설명할 수 있습니다. 그래서 일 잘하는 사람은 효율적으로 일합니다. 일의 완성도도 높습니다.

> "당신의
> 지원과 협력에
> 감사합니다. 오늘 하루가
> 즐거웠습니다."

일처리가 빠른 사람은 혼자 할 수 있는 일의 한계를 알고 있습니다. 그들은 혼자 일을 해보았지만 잘 되지 않은 경험이 있습니다. 혼자서는 좋은 결과를 낼 수 없다는 것을 몸소 체험하고 통감한 사람들입니다. 그들은 경험을 통해 능력 있는 사람들의 조언·협력·지원의 중요성을 알고 있습니다. 그래서 주변사람의 협조를 얻으려고 부단히 노력합니다.

　주변사람의 협조를 얻으려면 감사하는 마음을 가져야 합니다. 가능한 한 많은 방법을 동원해 감사의 마음을 표현합시다. 형식에 구애받지 말고 감사한 마음을 진심으로 표시합시다.

일처리가 빠른 사람은 자신의 능력을 알고 있기 때문에 다른 사람의 도움이 얼마나 소중한지 알고 있습니다. 그래서 다른 사람의 도움을 받으면 진심으로 고마워합니다. 주변사람에게 진심을 담아 감사의 마음을 표시하면 그들은 당신에게 협조와 지원을 아끼지 않을 것입니다. 사람의 능력은 한계가 있습니다. 다른 사람과의 능력 차이는 별문제가 아닙니다. 지금은 협력이 중요한 시대입니다. 많은 사람의 지원과 협조를 받을 수 있는가가 능력 차이라고 할 수 있습니다.

일처리가 빠른 사람, 목표를 빨리 달성하는 사람은 항상 감사하는 마음을 가집니다. 지나칠 정도로 감사해 합니다. 자신이 목표를 달성할 수 있었던 것은 주변사람의 지원 때문이라고 생각합니다. 작은 도움이라도 도와준 사람을 자신의 은인으로 생각합니다. 생각해보면 당연한 일입니다. 주변사람의 많은 도움을 받았기에 지금의 자신이 있는 것입니다.

오늘은 '내 꿈의 날짜'가 며칠인가?

인간이 가장 아름답게 보일 때는 목표를 향해 열심히 노력하는 모습을 보여주는 순간입니다. 사람들은 목표를 향해 한결같이 노력하는 모습에 감동합니다. 저도 그런 멋진 삶을 살려고 노력하고 있습니다.

    목표를 빨리 달성하려면 가장 먼저 목표를 정해야 합니다. 목표는 높을수록 좋습니다. 아무리 높은 목표라도 그 목표를 달성할 가능성이 아주 없는 경우는 없습니다. 한 번 사는 인생입니다. 큰 목표를 세우고 도전합시다. '가능하다, 가능하지 않다'를 따지지 맙시다. 절실하게 되고 싶다면 강력하게 추진합시다.

목표가 높을수록 거기에 어울리는 노력과 연구를 하지 않으면 안 됩니다. 높은 목표를 세우면 더욱 노력하게 되어 능력이 향상됩니다. 생각하는 스케일이 커져 인간적으로도 성장합니다.

목표를 세웠다면 그 목표달성을 위한 구체적 전략, 장단기 계획, 다양한 전술, 세밀한 행동계획을 만들어야 합니다. 저는 이것을 '목표달성을 위한 계산'이라고 부릅니다. 어떤 목표든 그 목표에 도달하려면 프로세스와 실행이 중요합니다. 먼저 프로세스가 명확해야 합니다. 프로세스에 문제가 있으면 안 됩니다. 다음은 실행입니다. 좋은 프로세스를 만들어도 실행하지 않으면 목표에 도달할 가능성은 없습니다.

대형 외식사업 프랜차이즈 와타미의 와타나베 미키 사장은 이것을 '꿈에 날짜를 매긴다'라고 표현했습니다. 꿈은 목표입니다. 목표를 달성하려면 도달희망지점(시점)을 생각하며 지금 해야 할 일을 계산해야 한다는 의미입니다. 목표를 세울 당시에는 주변사람이 '불가능하다'고 말해도 도달희망지점을 생각하며 지금 해야 할 일에 충실하면 달성할 수 있다는 것입니다. 와타나베 사장은 "항상 목표를 생각하며 목표달성을 위해 필요한 것을 해가며 착실히 노력했는데도 목표를 달성하지 못했다면 그것은 말도 안 되는 이야기다"라고 말했습니다.

저는 미국에서 대형 패밀리 레스토랑 체인인 TGI 프라이데이의 고문을 담당했습니다. 그 인연으로 TGI 프라이데이의 일본 진출을 돕게 되었습니다. 1988년, TGI 프라이데이의 일본 사업 파트너인 와타미의 와타나베 사장을 처음 만났습니다. 그때 와타나베 사장에게서 와타미의 사업목표를 들었습니다. 당시 와타미의 사업규모를 보면 와타나베 사장이 말하는 목표는 무모해보였고 몇 가지는 실현 불가능했습니다. 그러나 지금은 와타나베 사장이 저에게 말했던 목표를 모두 달성했습니다. 어떻게 모두 가능했을까요? 와타나베 사장의 말을 빌리면 '꿈에 날짜를 매겼기' 때문입니다. 구체적인 꿈을 가지고 그 꿈에 날짜를 매겼습니다. 자신이 세운 높은 목표를 달성하려면 지금 무엇을 해야 하는지를 계산하며 날짜에 맞춰 실행했습니다.

저는 "컨설턴트를 하며 2012년까지 100권 이상의 책을 쓰고 누계 1,000만 부 이상 판매를 목표로 한다"라고 공언했습니다. 이 말을 듣고 "머리가 이상한 거 아냐?"라며 비아냥대는 사람도 있었습니다. 여러분도 '헛소리'라고 생각할지 모릅니다. 그러나 저는 착실히 책을 내고 있습니다.

제가 책을 쓰는 목적은 책을 통해 1,000만 명 이상의 독자와 만나고 싶기 때문입니다. 조금이라도 많은 독자와 소통하고 싶습니다. 얼마 전, 한 독자에게서 이메일을 받았습니다. '너무 힘이 들어 회사를 그만두려다가 책을 읽고 용기를 내어 다시 한 번 회사에서 노력하겠다고 마음먹었다'는 내용의 이메일이었습니다. 저는 그때 책을 쓴 보람을 느꼈습니다.

저는 2012년 1월 현재 81권의 책을 냈고, 판매된 책은 약 800만 부 정도 됩니다. 저는 목표를 달성하기 위해 매월 한 권 이상 책을 쓰고 있습니다. 책 한 권은 보통 적어도 200페이지 이상이므로 매일 10페이지 이상 원고를 써야 합니다. 본업이 따로 있기 때문에 악전고투하고 있지만 지금도 저는 집필은 멈추지 않습니다. 이 페이스가 유지되면 조만간 나머지도 쓸 수 있습니다. 그렇게 쓴다 해도 한 권당 10만 부 이상은 팔려야 합니다. 비즈니스 책으로 10만 부 이상 팔리면 베스트셀러는 아니어도 어느 정도 잘 나가야 합니다. 이것은 저에게 큰 도전입니다.

이 목표를 이루려면 한 사람이라도 더 읽을 수 있는 내용의 책이어야 합니다. 그래서 저는 항상 사람에게 용기, 희망, 감동을 주는 테마를 생각합니다. 솔직히 좋은 책을 써서 많이 팔려고 노력합니다. 본업인 회사 경영과 컨설팅 업무 외의 시간에는 끊임없이 책의 테마를 연구합니다. 어쩌면 저는 이 목표를 달성할 수 없을지 모릅니다. 그러나 포기하지 않고 계속 도전하면 인간적인 성장은 물론이고 얻는 것이 많다고 확신합니다.

생각하는 하루를 보내는 법

일처리가 빠른 사람과 일처리가 느린 사람은 여러 가지 차이가 있습니다. 문제의식의 유무도 일처리 능력을 가르는 중요한 차이입니다. 일처리가 빠른 사람, 즉 일을 잘하는 사람은 작은 것을 놓치지 않습니다. 작은 것일지라도 끊임없이 체크합니다. 사소한 일, 작은 배려 등을 소홀히 하지 않습니다.

문제의식은 '하는 일, 들은 일, 아는 일'에 의문을 가지고 명확히 하려고 노력하는 것을 말합니다. 문제의식이 있는 사람은 '왜 이렇게 됐지? 조금 더 좋은 방법은 없을까?'라며 끊임없이 연구합니다. 문제의식이 없는 사람은 자신에게 기회가 와도 알지 못합니다. 사물을 본질적으로 볼 수 있는 능력이 없기 때문에 그것이 기회인지조차 모릅니다. 같은 것을 보거나 같은 일이 발생해도 문제의식이 있는 사람과 그렇지 않은 사람은 받아들이는 방법이 다릅니다. 발전하는 속도에 차이가 생깁니다.

저는 대학교 1학년 때, 능력 있는 사람이 되려면 문제의식이 중요하다는 것을 처음 알았습니다. 당시 저는 국제경영컨설턴트를 장래 목표로 삼았습니다. 국제경영컨설턴트가 되려면 영어가 필수입니다. 그러나 영어를 잘하지 못했던 저는 단시간에 영어를 잘할 수 있는 방법을 모색했습니다. 그러던 중, 저는 황당한 방법을 생각해냈습니다. 어느 문화센터 '속독영어강좌'의 수강을 신청했습니다. 속독영어강좌는 그 문화센터에서 가장 레벨이 높은 영어강좌였습니다. 저는 최고수준의 영어를 체험하면 제가 목표로 하는 영어수준을 구체적으로 알 수 있고 그 목표를 향해 노력하면 된다고 판단했습니다. 속독영어강좌는 정치·경제·과학·문화·교육·시사 등 모든 영역에 최신 정보를 제공하는 타임 지를 교과서로 사용합니다. '속독영어강좌'는 매주 타임 지를 속독하고 학생 전원이 영어로 발표·토론하는 수업입니다. 수업의 수준은 매우 높았습니다. 대부분의 수강생은 영어권 나라에서 어린 시절을 보낸 사람이나 그곳에서 대학, 대학원을 졸업한 사람, 동시 통역가나 외국계 회사 근무자 등 영어를 사용하는 직업을 가진 사람이었습니다. 저는 중학영어 정도 수준의 열등생이었으므로 아무리 열심히 강의를 들어도 무슨 말인지 도무지 알 수 없었습니다. 문화센터에서 개설한 강좌였기 때문에 수강료만 내면 누구라도 3개월간 매주 한번 모두 12번의 강의를 들을 수 있습니다. 너무 낮은 제 영어실력에 실망한 강사가 어쩔 줄을 몰라 했습니다. 저는 출석할수록 기가 죽었습니다. 저의 이런 모습을 차마 두고 볼 수 없었던 강사는 제가 발표할 때가 되면 옆에서 도와주었습니다. 심지어 강사가 저 대신 발표할 때도 있었습니다. 가능하면 제가 발표하지 않게 미리 손을 썼습니다. 저는 강사의 강의와 다른 수강생의 발표, 토론을 듣는 것만으로 만족해야 했습니다.

그 강사가 매번 반복해서 하는 말은 저의 인생에 큰 영향을 주었습니다.

"목표를 달성하는 사람이 되고 싶으면 문제의식을 가져야 합니다. 이 강의의 목적은 독해력과 발표력의 습득이 아닙니다. 문제의식을 함양하기 위한 것입니다. 아무리 영어실력이 뛰어나도 문제의식이 없는 사람은 글의 본질을 이해하지 못합니다. 본질을 이해하지 못하면 전체를 파악하지 못합니다. 실력이 늘지 않습니다. 다소 영어실력이 부족해도 문제의식이 있는 사람은 글쓴이의 의도를 빨리 알아차립니다. 자세한 내용은 파악하지 못하지만 문장의 내용을 파악하고 글의 본질을 이해합니다. 그것을 반복하면 사고력이 길러집니다. 즉 전략을 세우는 능력이나 문제점을 발견하고 해결하는 능력이 생긴다는 말입니다. 어떤 분야에서 일을 하든지 문제의식을 통한 실력배양이 중요합니다."

저는 이 말을 가슴 깊이 새겼습니다. 이 말을 들은 후 끊임없이 문제의식을 가졌습니다.

사물을 볼 때, 이야기를 들을 때, 책을 읽을 때는 항상 '왜 그렇지?' '정말 그런가?' '그것은 정말 문제인가?' '해결하려면 어떻게 해야 하나?'라며 생각하는 습관이 생겼습니다. 저는 뉴스·정보·소문을 아무 판단 없이 받아들이지 않습니다. 표면적으로 보지 않고 내용의 본질적 의미를 생각합니다. 저는 지금도 인생에 중요한 지혜를 준 그 강사에게 매우 감사하고 있습니다.

오늘이
내 살아온
삶의
전체다

목표를 달성하려면 많은 노력이 필요합니다. 그러나 단순히 노력만 해서는 안 됩니다. 열심히 해도 성과가 없으면 헛고생입니다. 성과가 없으면 시간이 흘러도 목표달성은 그림의 떡입니다.

어떤 일이든 빨리 성취하려면 기일을 정해야 합니다. 목표달성을 위한 기일 설정은 직업을 불문하고 성공한 사람 모두가 강조하는 불변의 원칙입니다. 각각의 일에 기일을 정하고 그 기한 안에 일을 처리해야 계획대로 목표를 달성할 수 있습니다. 와타미의 와타나베 사장은 늘 "꿈에 날짜를 매기자"라고 말합니다. 이 말은 자신이 해야 할 일 하나하나에 기일을 정한다는 의미입니다.

일사(一事)가 만사(萬事)입니다. 각각의 일에 기일을 정해 차근차근 해나가지 않으면 최종 목표에 도달할 수 없습니다. '천리 길도 한걸음부터'입니다.

저는 고등학교 3학년 때 '일류 국제컨설턴트가 되겠다'는 목표를 세웠습니다. 저는 그 목표를 달성하려고 모든 일에 기일을 정했습니다. 국제컨설턴트가 된 과정을 대략 소개하겠습니다. 대학시절에는 영어공부에 전념했습니다. 단계별로 학습목표를 정하고 열심히 공부했습니다. 대학을 졸업하고 바로 미국으로 건너가 컨설팅 회사에서 일하며, 창업에 필요한 비즈니스 노하우와 컨설팅 시스템을 배우고 자금과 인맥, 파트너를 확보한다는 과제를 설정했습니다. 각 과정마다 기일을 정했습니다.

저의 첫 번째 목표는 대학을 졸업하고 10년 내에 국제비즈니스컨설팅회사를 창업한다는 것이었습니다. 구체적 목표인 미국의 컨설팅회사에 취직했습니다. 컨설팅회사에서 허드렛일을 하며 경영대학원(비즈니스스쿨)을 졸업한 뒤 창업을 위해 본격적으로 일을 배웠습니다. 열심히 노력한 덕분에 대학 졸업 후 10년 만인 34살에 '국제경영컨설턴트'로 독립했습니다. 창업한 34살부터 10년 동안은 발전을 위한 토대를 마련하고,

44살부터 10년 동안은 비즈니스 컨설팅 사업을 확장해 돈을 벌며, 집필과 강연을 한다는 목표를 세웠습니다. 지금까지는 계획대로 이루어진 셈입니다. 마지막 목표는 봉사입니다. 55살부터 죽을 때까지 형편이 어려운 사람들을 도우며 지금까지 번 돈을 모두 기부할 생각입니다.

저는 '언젠가 이렇게 되면 좋겠다'라고 막연하게 상상하지 않습니다. 성취하고 싶은 것이 있으면 '언제까지 반드시 한다'라고 기일을 정합니다. 이렇게 하지 않으면 시간만 흐릅니다. 목표 달성은 어림없습니다. 마음속의 꿈으로 끝나버립니다.

꿈을 이루기 위해서는 모든 일에 기일을 정해야 합니다.

기일을 정하고 노력하면 다소 시기가 늦어져도 언젠가 목표를 달성할 수 있습니다. 어떤 일이든 기일을 정해 실행해 보십시오. 기일이라는 마법은 정말 신기합니다.

하루를
가장 맑고 가볍게
사는 길은 바르게
먹는 것이다

제가 젊었을 때는 효율적으로 일하지 못해 성과가 오르지 않았습니다. 일은 성과가 전부입니다. 식사를 거르거나 철야를 하는 등 쉬지 않고 열심히 노력해도 성과가 없으면 허사입니다. 포인트를 벗어나 오류투성이인 결과가 나와서는 노력한 보람이 없습니다. 자신은 열심히 노력했다고 생각하지만 혼자서 애쓴 것에 불과합니다. 저는 "일에 기일을 지켜야 한다"라고 말했습니다. 그러나 포인트를 벗어나 결과물의 질이 떨어지면 열심히 기일을 지키려고 노력한 의미가 퇴색합니다. 저는 '노력에 헛됨은 없다'라고 생각합니다. 이 말이 성립하려면 한 가지 전제 조건이 있어야 합니다. 포인트에 맞는 노력을 해야 한다는 것입니다. 정확히 말하면 '올바른 포인트에 맞춘 노력은 헛됨이 없다'입니다. 포인트를 벗어난 일을 하면 아무리 노력해도 좋은 성과를 낼 수 없습니다.

건강한 식생활을 하지 않고 무리해서 일하는 것도 포인트를 벗어난 행동입니다. 젊은 시절에는 건강하기 때문에 무리하기 쉽습니다. 젊을 때는 철야를 하거나 식사를 거르는 일이 많아도 건강에 문제가 생기지 않습니다. 저도 그랬습니다. 그러나 불규칙한 식생활을 계속하면 나이를 먹으면서 체력과 지력(知力)이 현저히 떨어집니다. 나중에는 기력도 고갈됩니다. 저는 그런 사람을 많이 보았습니다. 식생활은 우리의 몸과 정신에 큰 영향을 미칩니다. 몸을 돌보지 않아 건강이 나빠지면 성공해도 아무런 소용이 없습니다. 젊은 시절 피땀 흘린 노력은 무엇을 위한 것입니까? 진부한 말이지만 건강은 건강할 때 지켜야 합니다.

몸은 매우 정직합니다. 바른 생활을 하지 않으면 그 영향이 몸과 정신에 나타납니다. 심한 경우에는 갑자기 병에 걸려 죽을 수도 있습니다. 목표를 달성하려면 건강한 육체와 건전한 정신이 필요합니다. 건강의 기본은 규칙적인 식생활입니다. 식사시간에 맞춰 균형 있게 영양섭취를 해야 합니다. 편의점 도시락이나 햄버거 등 패스트푸드를 자주 먹으면 건강에 해롭습니다. 고기와 밥만 먹지 말고 채소와 과일을 자주 먹어야 합니다.

　제가 미국에 있을 때는 스테이크, 햄버거, 베이컨 등 육류를 좋아했습니다. 저는 칼로리가 높고 콜레스테롤이 많은 음식을 즐겨 먹었습니다. 단 음식을 좋아해서 식후에는 항상 케이크와 아이스크림을 먹었고 출출할 때는 간식으로 포테이토칩이나 초콜릿을 먹었습니다. 그 당시 저는 일 중심으로 생활했습니다. 프로젝트가 생기면 시간이 아까웠습니다. 식사시간이 되면 많은 음식을 급하게 먹었습니다. 스트레스 때문이기도 했다고 생각합니다. 식사는 항상 5분 이내에 끝냈습니다. 식습관을 바꾸려 건강식 위주의 식단으로 바꾸어도 보았지만 얼마 가지 않아 실패했습니다. 빨리 먹는 습관도 고쳐지지 않았습니다. 고기 중심의 패스트푸드를 계속 먹어댔습니다. 30대 후반이 되자 아무리 잠을 자고 쉬어도 피로가 풀리지 않았습니다. 피로감 때문에 업무효율과 생산성이 떨어졌습니다. 집중력과 일처리 속도도 현저히 떨어졌습니다. 정해진 기일 안에 일을 끝내기는커녕 업무 포인트를 벗어나 오류와 실수투성이였습니다. 식사시간과 취침시간을 아껴 필사적으로 일했지만 일처리 수준이 떨어져 업무평가가 나빠졌습니다. 아무리 열심히 노력해도 좋은 성과를 올리지 못했습니다. 회사에 필요 없는 존재가 되어버렸습니다. 저는 생각했습니다. '이대로는 필사적으로 일해도 아무 소용이 없다. 회사의 짐이 될 뿐이다.' 목표달성은 고사하고 인생 패배자의 길을 가고 있다는 생각이 들었습니다.

어느 날 근본적인 문제가 식생활에 있다는 것을 깨달았습니다. 건강한 식생활로 바꾸려고 결심했습니다. 먼저 담배를 끊었습니다. 육류와 단 음식 중심의 식사에서 생선, 두부, 채소, 과일 중심의 식사로 바꿨습니다. 이전에는 매일 늦게까지 일을 하므로 밤이 늦으면 야식으로 햄버거나 피자를 즐겨 먹었습니다. 그렇게 배불리 먹으면 다음 날 오후까지 컨디션이 좋지 않았습니다. 식생활을 바꾸기로 결심을 하고 난 뒤부터는 야식을 중지했습니다. 한밤중에 배가 고프면 음료수를 마시거나 채소, 과일을 먹었습니다. 처음에는 견디기 힘들었지만 점차 익숙해졌습니다. 식생활을 개선하니 몸무게가 10킬로그램 이상 줄었습니다. 집중력과 정신력이 되살아났습니다. 업무효율과 생산성이 증가하기 시작했습니다. 한 달에 한 권 이상의 집필이 가능한 것도 식생활을 개선해서 정신이 맑아진 덕분입니다.

목표를 달성하려면 식생활을 개선해 건강한 몸과 정신을 만들어야 합니다. 체질에 따라 식생활 개선의 효과를 즉시 보는 사람이 있지만 반년이나 1년 이상 걸리는 사람도 있습니다. 식생활을 개선한 사람들이 입을 모아 말하는 것은 "건강해졌다"는 것입니다. 식생활 개선, 꼭 실천해 보십시오. 반드시 변화를 느낄 것입니다. 일이 밀려 빨리 처리해야 하는데 먹는 것 따위에 신경을 쓸 겨를이 없다고 생각하면 안 됩니다. 건강하고 규칙적인 식생활로 바꾸어야 일처리가 빨라집니다. 목표달성이 쉬워집니다. 속는 셈 치고 한번 실행해 보십시오. 지금보다 훨씬 일을 잘할 수 있게 됩니다.

포기하지 않는 하루,
끈기 있는 하루,
몸을 단련하는
하루를 산다

목표를 달성한 사람들의 전형적인 타입을 알고 계십니까? 끈기 있는 타입입니다. 절대로 포기하지 않는 사람입니다. 머리가 좋거나 공부를 잘한다고 반드시 성공하지 않습니다. 한 번 결정하면 바보취급을 받거나 조롱을 받아도 포기하지 않는 사람, 어떤 고난이 닥쳐도 주저앉지 않는 사람, 우직하게 한 가지 일만을 고집하는 사람, 이런 사람이 결국은 성공합니다.

    머리 좋은 사람은 이렇게 행동하는 것이 불가능합니다. 머리 좋은 사람은 먼저 계산을 합니다. 성공확률을 따집니다. 불가능하지 않지만 가능성이 낮으면 실패할 확률이 높기 때문에 "이론적으로 무리다! 성공한 전례가 없어서 불가능하다! 성공할 확률이 희박하고 리스크가 크므로 포기하는 것이 좋다"라는 구실을 대며 아예 도전하지 않습니다. 똑똑한 사람은 실패를 오점이라 생각합니다.

 사람은 누구든 실패하고 싶지 않습니다. 그러나 새로운 일을 시작할 때는 실패가 동반자입니다. 세상에 실패하지 않을 확률이 제로인 일은 없습니다. 모든 일은 리스크가 있습니다. 좋은 사업 아이디어가 있지만 실패가 두려워 도전하지 않으면 시간이 경과함에 따라 그 아이디어는 고물이 되어버립니다. 실제로는 아무것도 하지 않는 편이 리스크가 크다는 것입니다. 살아남으려면 새로운 것에 거침없이 도전해야 합니다. 성공확률이 낮아도 비전만 있으면 실패를 각오하고라도 도전해야 합니다. 성공한 사람의 대부분은 성공할 확률이 낮은 일에 도전합니다. 성공한 사람은 실패를 거듭해도 포기하지 않습니다. 결국 성공을 이루어냅니다. 성공하는 사람 = 끈기 있는 사람이라는 등식이 성립하는 것입니다.

 어떻게 해야 끈기를 기를 수 있을까요?

 답은 간단합니다. 하나의 일을 철저히 하면 저절로 끈기가 생깁니다. 운동은 끈기를 기르는 데 많은 도움이 됩니다. 본격적으로 운동을 하면 자신의 한계에 도전하는 경험을 하게 됩니다. 끈기가 없으면 운동을 계속할 수 없습니다. 현대의 기업이 요구하는 인재의 필수사항 중 하나가 끈기입니다. 그래서 꾸준히 운동한 사람에게 가산점을 줍니다.

저는 초등학생 시절에 수영을 시작해 10년 동안 선수생활을 했습니다. 운동을 하며 몸과 정신을 단련했습니다. 아오키 스요시는 일본 국가대표 수영코치입니다. 그는 아테네올림픽과 베이징올림픽에서 평형 100미터, 200미터를 연달아서 제패한 기타지마 고스케 등 많은 국가대표선수를 배출했습니다. 저도 가끔 그의 지도를 받았습니다. 아오키 코치는 수영만을 가르치지 않았습니다. 인생의 목표를 달성하기 위해 가장 필요한 것도 가르쳤습니다. 아오키 코치는 "끊임없이 몸을 단련해야 강인한 정신력이 생긴다"며 훈련의 중요성을 강조했습니다.

강인한 정신력이야말로 성공의 열쇠입니다. 목표를 달성하는 사람이 되려면 강인한 정신력이 필요합니다. '강인한 정신력으로 최고의 운동선수를 목표로 하라'는 의미가 아닙니다. 약한 자신에게 도전해 신체를 단련하여 끈기를 기르라는 말입니다. 끊임없이 목표에 도전하는 끈기를 길러 그 목표를 달성하자는 것입니다.

인간의 몸과 마음은 끊고 싶어도 끊을 수 없는 관계입니다. 강인한 정신력을 기르려면 몸을 단련해야 합니다. 아오키 코치의 훈련을 받을 때는 견디기 힘들어서 가끔 그를 원망도 했지만 사회에 나와서는 매우 감사하게 생각하고 있습니다. 아오키 코치의 훈련 덕분에 상당한 정신력을 길렀기 때문입니다. 지금부터라도 늦지 않습니다. 어떤 운동이든 좋습니다. 정기적으로 운동을 합시다. 정신력이 강해지는 것을 실감할 수 있을 것입니다. 강한 정신력은 목표달성을 위해 반드시 필요합니다.

> **"하루하루가
> 승부입니다."**

목표를 설정하면 그 목표를 향해 착실히 나아가야 합니다. 하루하루가 승부입니다.

  싸우는 상대는 다른 사람이 아닙니다. 당신 자신입니다. 매일 자신과 싸워 이겨야 합니다. 어제의 나보다 발전한 오늘의 나, 오늘의 나보다 더 발전한 내일의 나로 바뀌게 노력해야 합니다. 아무리 능력이 없는 사람도 목표를 세우고 꾸준히 노력하면 목표에 가까워집니다.

  저는 공부를 잘하지 못했습니다. 특히 영어와 국어는 성적이 좋지 못했습니다. 고등학교 시절에는 영어와 국어 성적이 100점 만점에 30점 정도였습니다. 영어와 국어는 저의 큰 약점이었습니다. 고등학교를 졸업하기 직전에 제 인생에 큰 전환점이 있었습니다. 미국에서 한 달간 홈스테이를 하게 된 것입니다. 그 당시에 홈스테이 하던 미국인 노부부와 영어로 대화하고 싶어진 저는 스스로 매일 과제를 부여하고 '어제보다 나은 오늘, 오늘보다 나은 내일'을 목표로 착실히 영어 공부를 했습니다. 저는 그때 영어에 재미를 붙였고 제 성격과 어울리는 '국제경영컨설턴트'가 되려는 결심을 했습니다. 그 후 열심히 노력해서 마침내 국제경영컨설턴트가 되었습니다.

저는 '국제경영컨설턴트'라는 저의 직업을 사랑합니다. 컨설턴트는 정년이 없습니다. 그렇다고 특별한 기술이 필요하지 않습니다. 건강하고 머리만 돌아가면 평생 할 수 있습니다. '국제경영컨설턴트'라는 일을 통해 다양한 경험을 할 수 있습니다. 그 경험이 축적되어 노하우가 되면 즐겁습니다. 일을 할수록, 시간이 지날수록, 전문지식·경험·비즈니스노하우·인맥이 쌓여 컨설팅 업계의 진정한 프로페셔널이 되고 있다는 느낌이 들어 신이 납니다. 그래서 저는 이 직업이 좋습니다.

컨설턴트를 희망했던 때와 컨설턴트가 된 직후의 생활은 하늘과 땅 차이였습니다. 지금은 컨설턴트가 된 직후와 비교할 수 없을 정도로 발전했습니다. 제가 남들보다 뛰어났기 때문에 이렇게 성공을 한 것이 아닙니다. 자신의 목표를 세우고 열심히 노력했기 때문입니다. 누구라도 가능합니다. 노력하면 반드시 이룰 수 있습니다.

저는 저의 목표인 국제경영컨설턴트가 되려고 하루하루를 충실히 보냈습니다. '어제보다 나은 오늘, 오늘보다 나은 내일'을 만든다고 마음먹으면 삶과 일의 관점이 바뀝니다. 보다 적극적으로 변합니다. '어제 실패했다면 포기하지 않고 오늘 다시 도전하면 되지 않는가! 오늘도 실패한다면 기죽지 말고 내일 다시 도전해 성공하면 되지 않는가!'라고 긍정적으로 생각하면 '노력하며 사는 것' 자체가 즐거워집니다.

지금 당장 좋은 결과를 내지 못해도 좋습니다. 꾸준해야 발전합니다. 긍정적이고 적극적으로 생각하며 매일 조금씩, 부단 없이 성장하면 됩니다. 목표를 달성한 사람은 긍정적이고 적극적으로 삽니다. 엄청나게 성공한 사람도 금방 좋은 성과를 올리지 못했습니다. 그러나 성공한 사람들의 지나온 인생을 짚어보면 부단 없는 노력이 있었다는 걸 알 수 있습니다.

지금의 그들을 10년 전, 20년 전과 비교하면 차이가 엄청납니다. 우리 모두 10년 후, 20년 후의 모습을 상상하며 노력하면 즐겁지 않겠습니까? 자신과의 싸움에 이겨 함께 성공합시다.

오늘 일은
오늘
끝낸다

우리는 매일 생과 사를 경험한다고 할 수 있습니다. '생'은 기상이고 '사'는 취침입니다. 아침에 일어나면 생명을 부여받습니다. 인간으로서 활동을 시작합니다. 잠이 들면 심신의 활동이 멈추어 '정(靜)', 즉 사의 세계로 들어갑니다. 불교에서는 이것을 윤회라고 합니다. 이렇게 인간은 매일 생과 사를 반복합니다. 따라서 '오늘 하지 않아도 내일 하면 돼'라고 생각하면 안 됩니다. 오늘밤이 되면 죽기 때문에 내일은 없습니다.

   오늘 해야 할 일을 오늘 완결하지 못하면 일에게 지는 것입니다. 그날 일을 그날 매듭짓지 못하면 패배한 날입니다. 패배한 날이 계속되면 패배한 인생이 됩니다.

한 번이라도 일을 미룬 경험이 있는 사람은 타성이 붙어 계속 미루게 됩니다. 시간관념이 느슨해져 기일을 지키지 않는 사람이 됩니다. 오늘 해야 할 일은 내일로 넘기지 말고 오늘 끝내야 합니다. 내일이 되면 내일 해야 할 일이 생기기 때문입니다. 목표를 달성한 사람은 그것을 잘 알고 있습니다. 그들은 "한다!"라고 한번 결정하면 하나하나 차근차근 매듭짓습니다. '한 가지 일을 완결 짓지 못하면 새로운 일을 할 수 없다'라는 정신으로 일을 합니다.

몇 가지 프로젝트를 동시에 해야 하는 경우도 있습니다. 일을 잘하는 사람은 무턱대고 일하지 않습니다. 먼저 중요한 일부터 정한 시간 안에 매듭을 지으려고 노력합니다. 어설프게 이것저것 하다 보면 전부 흐지부지됩니다. 내일이 있다고 생각하는 것 자체가 목표를 향해 노력하는데 장해가 됩니다. 오늘 밤에 죽기 때문에 내일은 없다고 생각하는 것이 바람직합니다. 일의 우선순위를 정해 오늘 해야 할 일을 오늘 끝내야만 합니다.

목표를 빨리 달성하는 사람은 하루를 완결 짓습니다. 오늘 해야 할 일을 내일로 넘기지 않습니다. 어떤 상황이 닥쳐도 오늘 일은 오늘 처리한다고 생각합니다. '티끌 모아 태산'입니다. 하루를 완결 지어야 목표달성을 할 수 있습니다. 하루의 일을 완결 지으려면 일의 우선순위를 정하는 것이 선행되어야 합니다.

말보다
실행이 먼저인
하루를
만든다

부서나 팀에서 일을 하면 의견이나 아이디어를 내야 합니다. 어느 조직에나 다른 사람의 아이디어를 비판하는 사람이 있습니다. 그 아이디어가 얼마나 무의미한지 문제점을 들추어내 비판하고 실현될 수 없는 이유를 장황하게 설명합니다. 그런 사람은 리스크를 지지 않으려 합니다. 능력 이상의 일을 하려 들지 않습니다. 그래서 큰 목표를 세우지 못합니다. 설혹 큰 목표를 세워도 금방 포기합니다. 실현 불가능한 이유를 만들어 자신이 할 수 없다는 것을 정당화하기 때문입니다. 따라서 평생 동안 목표달성이 불가능합니다. 부정적인 사고로는 절대 성공할 수 없습니다.

목표달성을 위해 가장 필요한 것이 뭘까요?

여러 가지가 있겠지만 저의 경험에서 말하자면 일단 실행하는 것입니다. 가능성을 생각하면 안 됩니다. 목표를 세우면 머리를 비우고 재빨리 행동에 옮깁시다. 무슨 일이 생겨도 포기하지 않고 우직하게 노력합시다. 그렇게 노력하면 대부분의 목표를 달성할 수 있습니다.

저는 앞서 말한 바와 같이 '국제경영컨설턴트'로 독립한다는 목표를 세우고 34살에 창업했습니다. 제가 그 목표를 달성한 이유는 간단합니다. 주변사람은 모두 "무리다. 포기하라"라고 말렸지만 저는 일단 실행에 옮겼습니다. 우직하게 포기하지 않고 도전했습니다. 무슨 수를 써서라도 국제경영컨설턴트가 되고 싶었기 때문에 제 인생의 모든 것을 걸었습니다. '정말 불가능한 것일까? 머리가 나빠 무리일지도 모르겠다'라고 좌절한 적이 한두 번이 아닙니다. 그러나 죽을힘을 다해 노력하겠다고 결심하고 도전을 멈추지 않았습니다. 결국 꿈에 그리던 국제경영컨설턴트가 되었고 창업할 수 있었습니다.

목표를 달성할 수 있는 사람인지 여부는 대화를 하거나 같이 일을 해보면 즉시 알 수 있습니다. 목표를 세우면 어떻게 하면 실현할 수 있을까를 생각합시다. 말로만 떠들지 말고 빨리 실행에 옮깁시다. 중도에 포기하지 않으면 목표달성이 가능합니다. 다른 사람의 아이디어나 제안을 평가하고 비판하는 사람은 정작 실행하지 않습니다. '원인결과의 법칙'에 따라 좋은 원인(실행)이 없으므로 좋은 결과(목표달성)도 없습니다. 비판할 시간이 있으면 그 시간에 실행합시다.

생각 없이
한 일이
생각 없는
하루를 만든다

목표를 설정한 뒤 무턱대고 일하는 사람이 있습니다. 열심히 일하는 것은 훌륭합니다. 목표달성은 열심히 하는 것이 전제입니다. 그러나 센스 없는 노력은 목표에서 어긋나는 결과를 초래합니다. 좋은 성과를 내려면 센스가 매우 중요합니다. 센스가 없으면 쓸데없는 고생만 합니다. 센스가 있으면 목표에 빠르게 다가갈 수 있습니다.

   센스 있게 일한다는 것은 목표에 맞춰 전략적으로 일한다는 것입니다. 좋은 성과가 나올 수 있게 지혜롭게 생각하고 효율적으로 일해야 합니다. 이것을 저는 '일 센스'라고 합니다. 일 센스가 없으면 일처리가 빠른 사람이 될 수 없습니다.

어떻게 해야 일 센스를 기를 수 있을까요?

생각 없이 일하는 것을 그만두어야 합니다.

일의 우선순위를 생각하지 않고 눈앞의 일을 닥치는 대로 하거나, 업무시간 안에 일을 끝낼 수 있게 효율적으로 일하지 않고 잔업을 밥 먹듯이 하면 안 됩니다.

"생각을 하며 일합시다!"

목표에 맞추어 어떻게 하면 그 목표에 빨리 다가갈 수 있는가를 끊임없이 생각하며 일합시다. 그렇게 하면 우선적으로 해야 할 일이 보입니다. 무엇을 먼저 해야 하고 무엇을 뒤로 돌려야 하는지를 자연히 알게 됩니다. 상황에 따라서는 하지 않아도 무방한 일이 생깁니다. 하지 않아도 문제가 없으면 하지 않으면 됩니다. 빨리 처리해야 하는 일은 산처럼 많습니다. 일을 선별한 다음 꼭 해야만 하는 일을 먼저 하십시오. 그것을 이해하면 일 센스가 길러집니다. 일 센스가 길러지면 일 처리가 빨라집니다. 일의 우선순위를 정한 다음에는 '어떻게 하면 보다 빨리, 보다 정확하게 일할 수 있을까'를 생각하며 일합니다.

필요할 경우에는 직장상사나 선배에게 어드바이스를 구합니다. '모르는 것을 물으면 순간의 창피, 묻지 않으면 일생의 창피'라는 말이 있습니다. 일 센스를 기르려면 솔직하게 물어야 합니다. 모르는 것이 생겼다고 다른 사람에게 바로 물으면 안 됩니다. 자기 나름대로 생각해 해답을 찾고 그 해답이 맞는지 틀리는지 확인하는 차원에서 묻습니다. 이렇게 하지 않으면 일 센스가 길러지지 않습니다. 이 패턴을 반복하면 일 센스가 생겨 목표를 달성할 수 있습니다.

오늘 나는
내가 만난 사람들에게
도움이 되었을까
?

목표를 달성하는 사람은 주변사람을 자기편으로 만드는 능력이 뛰어납니다. 주변사람들과 커뮤니케이션을 잘해 신뢰를 쌓습니다. 그들은 혼자서는 아무것도 할 수 없다는 사실을 잘 알고 있기 때문에 주변사람들을 중요하게 생각합니다.

주변사람의 신뢰를 받는 가장 좋은 방법은 무엇일까요? 여러 가지가 있겠지만 중요한 하나를 들자면 배려를 잘하는 것입니다. 사람들을 잘 배려하면 사람들이 당신을 좋아하게 됩니다. 당신이 사람들에게 진심어린 배려를 계속하면 좋아하는 것을 넘어 팬이 됩니다.

비즈니스 세계에서는 고객이 당신을 얼마나 좋아하

는가가 매우 중요합니다. 그것은 영업을 해보면 바로 알 수 있습니다. 영업의 달인은 제품이나 서비스를 먼저 팔지 않습니다. 자기 자신을 먼저 팝니다. 고객이 당신을 좋아하게 만들어야 비즈니스가 성립합니다. 배려의 정도가 비즈니스를 결정합니다. 목표를 달성하고 싶다면 배려하는 방법을 알아야 합니다.

배려의 달인이 되려면 어떻게 해야 할까요? 그렇게 어렵지 않습니다. 제가 미국에 있었을 때, 영업의 달인인 미국인 상사에게 배려의 달인이 되려면 어떻게 해야 하는지를 물은 적이 있습니다. 그는 매우 명쾌하게 대답했습니다.

"상대방을 애인이라고 생각하고 어떻게 하면 상대방이 기뻐할까, 어떻게 하면 나를 좋아할까를 끊임없이 생각하고 실천하면 된다!"

자신이 넘어서야 할 멘토를 매일 바라본다

일처리가 빠른 사람이 되어 목표를 빨리 달성하는 데서, 매우 중요하지만 그다지 중요하게 여겨지지 않는 것이 있습니다. 그것은 멘토를 모시는 일입니다. 성공하려면 멘토를 모시고 높은 목표를 세워 멘토를 넘어설 정도의 실력을 갖추려는 노력이 필요합니다. 왜 멘토의 중요성을 인식하지 못하는 걸까요? 멘토의 위력을 체험하지 못했기 때문입니다. 멘토는 선생·코치·사부를 의미하고 멘티는 제자·학생·문하생을 말합니다. 진정한 멘토란 '제자에게 가르침을 주어 그 제자가 멘토 자신을 넘어서게 만드는 사람'입니다.

멘토가 있는 사람은 발전하기 쉽습니다. 넘어서야 하는 인물이 자신 가까이 있으므로 행운입니다. 멘토의 행동을 배우고 따라 하면 인간적으로도 성장합니다. 멘토는 경험·지식·노하우·기술·리더십·인간성·인맥 등 지금까지 살면서 터득한 능력이 당신보다 훨씬 뛰어난 사람입니다.

"선인(先人)에게 배우라"는 말이 있습니다. 선인이 실패에서 터득한 것을 배워 자신의 일이나 인생에서 같은 실수를 반복하지 않도록 노력해야 합니다. 간접체험을 잘 활용해야 합니다. 이것이 한정된 인생을 살아야만 하는 인간의 지혜로운 방식입니다.

멘토가 가까이 있으면 왜 목표달성이 유리할까요? 멘토가 가까이 있으면 목표가 더욱 현실적으로 다가옵니다. 그래서 목표를 세우기 쉬워집니다. 멘토를 항상 가까이서 보기 때문에 그의 행동을 따라하게 됩니다. 목표달성을 위한 구체적인 방법을 바로 배울 수 있습니다.

멘토가 없는 사람은 목표달성을 위한 구체적인 방법을 좀처럼 알기 어렵습니다. 그래서 도중에 어려운 일이 생기면 쉽게 포기합니다. 멘토는 한 명으로 한정할 필요가 없지만 일단 한 사람을 찾는 것이 급선무입니다. 멘토를 모시면 철저하게 배우고 연구·실천합니다. 멘토도 인간이므로 결점과 부족함이 있습니다. 그런 것을 보고 실망해서 배움을 포기하는 사람이 있습니다. 겨우 자신이 성장할 찬스를 잡았는데 스스로 날려버리는 격입니다. 그래서는 안 됩니다. 완벽한 인간이란 세상에 존재하지 않습니다. 단점은 버리고 장점만을 배웁시다. 먼저 한 사람을 멘토로 모시고 필요하다면 누구라도 멘토로 모십시다. 좋은 스승님은 많을수록 좋습니다. 열심히 배워 멘토처럼 성공합시다.

자존심을
버려야 하는 날은
자신이 성장하는
날이다

목표를 달성하는 사람은 남들이 하기 싫은 일, 자신이 하고 싶지 않은 일을 솔선해서 합니다. 조직에서는 사람들이 하고 싶지 않은 일을 누군가가 하지 않으면 안 됩니다. 어차피 해야 할 일이라면 자신이 솔선해서 지원하여 빨리 처리합시다. 그러면 다른 사람들이 고마워하고 좋은 평가를 내립니다. 하기 싫은 일이라고 회피하거나 억지로 해서는 안 됩니다. 자발적으로 받아들여 빨리 끝낸다는 생각으로 일을 하면 활력이 생겨 기분 좋게 처리할 수 있습니다.

제가 신입사원이었을 때는 영어와 전문지식이 모자라 간단한 서류정리·단순계산·복사·전화 받기·회의실 청소·상사나 선배의 가방을 들고 다니는 등의 잡일을 했습니다. 아무도 하고 싶지 않은 일을 성심성의껏 열심히 했습니다. 저의 입사 동기들은 하버드 대학이 있는 동부의 아이비리그 대학, 서부의 명문 스탠퍼드 대학 출신자가 많았습니다. 그들은 성적이 좋고 머리가 좋아서 엘리트의식이 강했습니다. 그래서 그들은 소소한 잡무를 꺼려했습니다. 그것이 득이 된다고 생각하는 것 같았습니다. 그러나 실제로는 큰 손해였습니다. 직장상사나 선배들이 그들의 그러한 행동을 주시하고 엄한 평가를 내렸기 때문입니다. 그들은 직장상사나 선배들의 낮은 평가에 불만을 가졌습니다. 직장상사나 선배와 트러블이 발생했습니다. 마침내 스스로 사표를 던지거나 해고당했습니다.

이 이야기에는 인생의 중요한 의미가 함축되어 있습니다. 세상을 살면서 좋아하는 일, 하고 싶은 일만 하고 살 수는 없습니다. 신입사원 시기에는 잡다하고 기초적인 일만 맡겨집니다. 경험과 지식이 풍부한 직장상사나 선배가 요령이 필요한 중요한 일을 하고 신입사원이나 후배는 그것을 보좌하는 잡무를 합니다. 이것이 조직의 상식입니다. 자연스럽고 당연한 일입니다. 잘 생각해봅시다. 입사해서 정년까지 하기 싫은 잡무를 계속하는 일은 있을 수 없습니다. 잡무를 떠맡는 경우는 신입사원 시기에 한정합니다. 기본적인 일을 열심히 하며 일의 기초를 닦아야 합니다.

목표를 달성하는 사람은 자신에게 맡겨진 일에 최고가 되려고 노력합니다. 그것이 장래의 업무능력으로 연결된다는 것을 잘 알고 있기 때문입니다. 남들이 하기 싫은 일, 자신이 하기 싫은 일에도 적극적으로 나서면서 최고가 되려고 합니다. 그 행동을 주시하는 직장상사나 선배들이 그 직원의 의욕과 우직한 모습을 높이 평가해 나중에는 중요하고 어려운 일을 맡깁니다. 저는 입사 후 10년 안에 독립한다는 목표를 세웠습니다. 그런 목표가 있었기에 회사의 잡무를 비롯해 모든 업무를 바닥부터 철저히 배운다는 마음으로 일했습니다. 어떤 일이라도 지시가 떨어지면 전심전력으로 일했습니다. 그 덕분에 독립하여 그 회사에서 배운 모든 경험을 활용할 수 있었습니다. 사장인 제가 일을 가리지 않고 솔선했습니다. 저의 그런 모습을 본 직원들도 저를 따라하며 노력했습니다. 작은 회사였지만 점점 좋은 성과를 내며 급성장했습니다.

일의 기본이 되는 몇 가지 명언이 있습니다. 저는 다음의 명언을 중요하게 생각합니다.

'일사(一事)가 만사(萬事)다'
'젊은 시절에는 사람들이 싫어하는 일을 앞장서서 한다'
'하기 싫은 일도 앞장서서 하면 고생한 만큼 성장한다'

이 말을 가슴에 새겨두어야 합니다. 젊은 시절의 저는 다른 사람이 싫어하는 일을 솔선해서 열심히 했습니다. 그 덕분에 보람 있는 일이나 중요한 일을 맡았을 때 감사의 마음을 가지게 되었습니다. 다른 사람들이 하기 싫은 일을 솔선해서 웃으며 합시다. 순간적인 자존심을 버려야 합니다. 나는 '그릇이 큰 사람이다'라고 생각하십시오.
　인간적으로 성장하지 못하면 목표를 달성할 수 없습니다. 모든 것은 당신의 장래목표를 위한 것이라고 생각하십시오. 목표에 빨리 다가가려면 인내심이 필요합니다. 급할수록 돌아갑시다.

슬럼프에 빠진 자신을
가장 빨리 구하는 길은
매일 힘써
공부하는 것이다

일처리가 빠른 사람은 목표를 빨리 달성하려고 노력합니다. 그러나 슬럼프라는 방해꾼이 발목을 잡습니다. 목표를 달성할 때까지 보통 몇 번의 슬럼프를 겪습니다. 저도 몇 번의 슬럼프에 빠지고 극복했습니다. 그러면서 슬럼프를 단시간에 극복하는 저만의 방법을 발견했습니다. 저에게는 나름의 슬럼프 탈출법이 있습니다. 이 방법을 친구나 선배에게 소개했습니다. 실천한 결과 상당한 효과를 보았습니다. 자신만의 슬럼프 탈출법이 없는 사람에게 이 방법을 권장합니다.

 저의 슬럼프 탈출법은 두 가지입니다.

 먼저, 공부입니다.

공부로 슬럼프를 탈출하는 방법은 두 가지입니다. 먼저 꿈을 실현한 사람이나 목표를 달성한 사람의 책을 읽는 것입니다. 성공한 사람이 어떤 꿈을 가졌고 어떤 목표를 세웠는지, 그 목표를 달성하려고 어떻게 노력했는지, 고난과 역경이 있을 때 어떻게 극복했는지를 책을 통해 배웁니다. 그런 책을 읽으면 자신의 슬럼프가 얼마나 작은 것인지 느끼게 됩니다. 노력하고 극복하려는 마음이 생깁니다.

책을 읽어도 의욕이 생기지 않으면 꿈을 실현한 사람이나 목표를 달성한 사람의 강연회나 세미나에 참가해서 생생한 성공담을 듣습니다. 대부분의 사람은 강연내용에 감동해 힘을 냅니다. 저도 강연회나 세미나의 강사로 자주 나섭니다. 저는 단순히 경험·지식·노하우만을 전달하려 하지 않습니다. 참가자의 의욕을 북돋아주는 데 주력합니다. 저는 참가자가 "오늘 강연 재미있었어", "오늘 세미나는 유용했어"라고 말하는 정도의 평가에는 만족하지 못합니다. 그 정도의 평가는 강연 실패라고 생각합니다. 강연의 가장 중요한 목표인 참가자의 의욕을 불러일으키지 못했기 때문입니다. 저의 강연을 들은 참가자가 '오늘 강연회는 많은 공부가 되었어. 나도 할 수 있다는 의욕이 생겼어. 힘내야지!'라고 결심하고 직장으로 돌아가 열심히 노력해야 저의 강연은 성공입니다.

목표를 달성한 강사는 자신과의 수많은 싸움에서 승리한 사람입니다. 강사의 이야기를 들으면 싸움에서 승리하기 위한 노력이 현실감 있는 강력한 울림으로 다가옵니다. 자신이 얼마나 나약한지를 알게 됩니다.

공부를 통해서도 슬럼프를 벗어나지 못하면 대화로 해결해야 합니다. 책을 읽거나 강연을 들어도 의욕이 생기지 않으면 강사와 직접 대화하거나 훌륭한 직장상사나 선배의 조언을 구합니다.

존경할 만한 사람이라면 누구라도 괜찮지만 역경을 극복하고 재기한 경험이 있는 사람이 좋습니다. 어려움을 극복한 경험이 없는 사람에게 조언을 구하면 단순한 잡담에 그치고 말아 얻는 것이 없을 수도 있으므로 주의합시다. 서로 시간낭비할 수도 있습니다. 열심히 노력해 고난을 이겨낸 사람, 실패를 반복했지만 결국 성공한 사람, 악조건 속에서도 진급에 성공한 사람 등 역경을 이겨내고 자신의 목표를 달성한 사람이 상담자로는 적임자입니다. 이런 사람의 인생에는 실패와 고난을 극복한 스토리가 많아 슬럼프 탈출에 큰 도움이 됩니다.

저도 악조건과 역경이 많았습니다. 그토록 미웠던 악조건과 역경이 지금은 제 인생의 보물입니다. 저도 많은 어려움을 겪었기 때문에 힘든 사람의 기분을 잘 이해합니다. '어떻게 별 볼 일 없는 사람이 목표를 달성할 수 있었는가' '어떻게 슬럼프를 극복했는가'라는 이야기를 경험자의 입을 통해 들으면 생생하고 구체적이어서 감동이 있습니다.

고민이 있거나 의욕이 사라지면 상담이 좋습니다. 상담을 하면 무엇 때문에 고민을 하는지, 슬럼프의 원인이 무엇인지를 명확히 알게 됩니다. 문제의 본질을 알면 해결하기 쉬워집니다. 자신에게 맞는 슬럼프 탈출법을 만들어 가능하면 빨리 슬럼프를 탈출합시다.

제 2 장

아침 해가 떴습니다

하루를 깨우는 기상습관

몸과 마음 맑게 깨우기
기도·묵상·리츄얼
강한 결의와 간절한 기원
오늘의 스타일

자신을 조금만 더 크게 만들거나,
조금만 더 작게 만들기 위해서는
딱 하루면 충분하다.

폴 클리

몸과 마음
맑게
깨우기

아침에 눈을 뜨면 즉시 일어나 샤워를 하거나 찬물로 세수하는 것을 권합니다. 아침에 눈을 뜨면 잠시 동안은 잠이 덜 깨어 정신이 맑지 않습니다. 잠이 깨지 않아 침대에 그냥 앉아서 조는 사람이 있습니다. 멍하게 앉아 있으면 눈 깜짝할 사이에 시간이 흘러갑니다. 시간이 아깝습니다. 일어나자마자 즉시 움직입시다.

일단 일어나면 이른 아침 시간을 유용하게 사용해야 합니다. 하루 중 가장 머리가 맑은 시간은 이른 아침입니다. 이 시간을 허비하면 정말 아깝습니다. 하루 중 이른 아침 시간대가 가장 효율적이고 효과적입니다. 따라서 가능하면 머리를 사용하는 일을 합시다.

아침에 눈을 뜨자마자 잠을 깨워야 합니다. 잠이 덜 깬 상태를 빨리 벗어나야 합니다. 가장 빨리 심신을 깨우는 방법은 샤워를 하거나 세수를 하는 것입니다. 이렇게 하면 싫어도 정신이 번쩍 듭니다.

힘들게 아침 일찍 일어나서 가장 머리가 맑은 시간에 샤워만 하면 아깝습니다. 샤워를 하면서 오늘 해야 할 일을 자신과 브레인스토밍 합니다. 브레인스토밍을 하면 한층 머리가 맑아집니다. 브레인스토밍은 긴장감을 주어 심신을 활성화시키는 효과가 있습니다. 일어나자마자 갑자기 일을 하기보다 한 번 머리를 사용한 뒤 일하는 편이 일의 능률이 높습니다. 전날부터 무언가를 골똘히 생각하고 있었다면 샤워를 하면서 떠올려 보십시오. 좋은 아이디어가 갑자기 생각날 것입니다. 머리가 맑은 이른 아침에는 생각지도 않았던 아이디어가 떠오릅니다. 목욕탕, 화장실, 식탁 등 장소를 가리지 말고 메모지와 필기도구를 준비해두고 좋은 아이디어가 생각나면 잊기 전에 재빨리 메모합시다. 좋은 아이디어는 잘 생각나지도 않거니와 생각나도 금방 머릿속에서 사라집니다. 이상하게도 좋은 아이디어일수록 빨리 잊어버립니다. 다시 생각해내려고 아무리 끙끙거려도 전혀 떠오르지 않습니다.

저는 매달 책 한 권을 쓰려고 합니다. 지금까지 쓴 책의 아이디어는 모두 이른 아침 시간에 생각난 것입니다. 아침에 샤워하며 책에 대해 브레인스토밍을 하면 책의 제목이나 부제, 목차, 내용 등이 갑자기 생각납니다. 그때는 즉시 메모를 하거나 휴대전화에 녹음합니다. 발가벗고 샤워하다 메모하는 모습은 보기 흉하지만 그럴만한 가치가 있습니다.

샤워 시간은 하루 중 가장 중요한 황금 시간대입니다. 낭비해서는 절대로 안 됩니다. 샤워를 자주 안 하는 사람은 아침에 양치하는 동안, 화장실에 앉아 있는 동안이라도 브레인스토밍을 합시다. 짧은 시간이지만 효과가 대단합니다.

기도
묵상
리츄얼

매일 아침에는 건강하게 일할 수 있는 것에 대해 감사하는 마음을 갖는 시간을 만듭시다. 기도라고 해도 좋고 묵상이라고 해도 좋습니다. 저는 매일 아침, 다음과 같은 것을 고맙게 생각합니다.

:: 이 세상에 태어나게 해준 것(자신을 소중히 생각한다)
:: 지금 나의 환경(어려워도 긍정적으로 생각한다)
:: 건강하게 일할 수 있는 것(건강의 소중함을 생각한다)
:: 가족, 동료, 친구 등 주변사람(고마웠던 일만 생각한다)
:: 자신을 지켜주는 모든 것(행복한 사람이라고 생각한다)

∷ 선조나 자신을 도와준 고인(명복을 빌며 감사의 마음을 전한다)

제가 감사하는 대상은 이렇지만 여러분은 굳이 저와 똑같을 필요가 없습니다. 감사하는 대상도 중요하지만 시간대는 더욱 중요합니다. 반드시 집을 나서기 전에 감사하는 마음을 떠올리는 시간을 가져야 합니다. 샤워 후나 아침 식사 전이 바람직합니다. 집을 나서기 전이면 어느 시간대라도 좋습니다. 반드시 사람들을 만나기 전에 감사하는 시간을 가집시다. 가족에게 감사하는 시간을 가진 뒤 가족의 얼굴을 보면 행복해집니다. 가족과 싸울 일이 사라집니다. 자연히 하루가 상쾌해집니다.

출근해서 회사동료를 만나도 마찬가지겠지요. 누구를 만나도 마음이 넉넉해집니다. 몇 분, 몇 초, 짧은 시간이라도 좋습니다. 감사의 마음을 하루의 출발점인 아침에 가지면 하루를 겸허하게 보낼 수 있습니다. 감사대상은 누구든 좋습니다. 주변사람은 더욱 좋습니다. 하루의 출발점을 감사의 마음으로 시작합시다. 감사하는 마음은 목표를 달성하는 사람의 최고 조력자입니다.

아침에 감사하는 마음을 가지면 그날 만나는 모든 사람이

고마운 존재로 보입니다. 자신이 여기까지 온 것이 주변사람의 도움과 응원 덕분이라고 마음 깊이 감사하며 하루를 보내게 됩니다. 매일 아침 감사하는 시간을 가지면 인간적으로도 크게 성숙합니다. 긍정적인 사고로 바뀌어 비즈니스도 호전됩니다. '원인결과의 법칙(좋은 일을 하면 좋은 결과가 나온다는 자연법칙)'에서 보면 지극히 당연한 귀결입니다. 좋은 원인을 쌓아야 좋은 결과가 나옵니다. 그 결과가 모여 목표를 이루게 됩니다.

강한 결의와
간절한
기원

아침 출근 전에 하루의 목표를 달성하려는 강한 결의와 간절한 기원을 하면 목표에 빨리 다가갈 수 있습니다. 기원은 마음속으로 진지하고 강하게 원하는 것을 말합니다. 메모장이나 일기에 기원하는 내용을 적으면 더욱 좋습니다. 글로 적으면 해야 할 일이 구체적이고 명확히 보여 노력하기 쉬워집니다.

만약 오늘 하루밖에 살 수 없다면 어떻게 하겠습니까? 이 말을 들은 사람의 반응은 다양할 것입니다. 대부분의 사람은 인생의 마지막 날을 소중하게 보내려고 하며 일분일초라도 시간을 아껴 소중히 쓸 것입니다. 목표를 이루는 사람이 되려면 이와 같은 마음으로 살아야 합니다.

오늘을 인생의 마지막 날처럼 소중히 여깁시다. 내일은 없다고 생각해 오늘 해야 할 일을 오늘 끝내려고 노력합시다. 왜 하루라는 단위를 중요하게 생각해야 할까요? 이유는 간단합니다. 같은 일을 반복하는 삶의 최소 단위가 하루이기 때문입니다.

동양철학에서는 아침에 일어나는 것이 인생의 '생'이고 밤에 자는 것이 인생의 '사'라고 합니다. 이러한 생각은 삶의 진리입니다. 어느 누구의 삶이라도 아침에 일어나면서 하루가 시작되고 밤에 잠자리에 들면서 하루가 끝납니다. 어떤 의미에서 하루는 인생의 축소판입니다.

자신의 인생목표를 달성하려면 강하게 결심해야 합니다. 요행을 바라며 감나무 아래서 입 벌리고 누워 감이 떨어지기를 기다리면 안 됩니다. 어찌하다 운이 좋아서 목표를 달성했다 하더라도 주변사람들이 인정하지 않습니다. 다음 목표달성을 기대할 수 없을뿐더러 그 성공을 유지할 수도 없습니다.

자신의 목표를 달성하려면 다른 사람의 성공비결을 열심히 배우고 끈기 있게 노력하는 방법밖에 없습니다. 인생의 축소판인 하루의 목표를 세우고 그날의 목표를 달성할 수 있게 매일 아침 결심하고 기원해야 합니다. 닛산 자동차를 회생시킨 카를로스 곤 사장은 "목표를 달성하려면 그 목표에 강하게 헌신하는 것밖에 없다"라고 말했습니다. 강한 헌신이 바로 목표를 향한 결심과 기원입니다. 하루의 출발점인 아침에 목표를 향한 결심과 기원을 하면 그날의 목표를 달성할 가능성이 커집니다.

오늘의
스타일

저는 매일 업무상 많은 사람을 만납니다. 만나는 사람 중에 외모에 너무 둔감해 '안타깝다'라고 생각되는 사람이 있습니다. 외모에 둔감한 사람이 일을 의뢰하고 돈을 지불하는 갑의 입장이라면 별문제가 없습니다. 그러나 영업을 해야 하는 을의 입장이라면 이야기가 달라집니다. 부탁하는 입장인 을, 즉 영업맨은 상대방에게 불쾌감을 주는 복장을 하면 안 됩니다.

특히 젊은 사람이 복장에 둔감합니다. 자신보다 직위나 사회적 위치가 높고, 경험과 나이가 많은 사람을 만나 부탁을 해야 하는데, 상대방에게 불쾌감을 주는 복장을 한다는 것은 애초부터 거절당할 원인을 제공하는 행위입니다. 비즈니스가 잘될 턱이 없습니다. 결국 실패합니다. '자업자득' '자승자박' '사필귀정'이라는 말은 이 경우에 해당합니다. 기본이 안 되어 있기 때문입니다.

자신이 편하다는 이유로 상대방이 불쾌한 복장을 하면 사회인으로, 인간으로 실격입니다. 상대방을 존중하는 마음이 있다면 최소한 상대방에게 불쾌감을 주는 복장은 피해야 합니다. 가능하면 상대가 편안해하거나 좋아하는 복장을 선택해야 합니다. 간단한 일이지만 최근의 젊은 사람들은 안타깝게도 잘 지키지 않습니다. 상대방의 기분보다 자신의 멋과 개성을 중시합니다. 상대방의 가치관보다 자신의 기호를 우선합니다. 이것은 실례라고 생각하지 않습니까?

개인적으로 놀러 간다면 자신이 좋아하는 복장이라도 상관없습니다. 그러나 비즈니스는 먹느냐 먹히느냐의 진지한 세계입니다. 경쟁회사와 치열한 싸움을 벌이지 않으면 안 됩니다. 상대방이 당신 또는 당신의 회사와 비즈니스를 할 것인가의 여부는 프레젠테이션의 내용, 회사의 실적, 독자적인 기술, 대외신용도 등 다양한 사항이 영향을 미칩니다. 그러나 결정적으로 영향을 미치는 것은 '당신의 호감도'입니다. 상대방이 당신에게 호감을 느껴야 비즈니스가 잘 풀려 나갑니다.

훌륭한 기업에서 근무하고 멋진 프레젠테이션을 해도 거래 상대방이 당신에게 호감과 신뢰를 느끼지 못하면 비즈니스가 성립하기 힘듭니다. 상대방도 사람입니다. 감정이 있다는 것을 잊어서는 안 됩니다. 인간은 호불호로 모든 것을 결정합니다. 결정의 근거는 이론이나 논리가 아닙니다.

매일 아침 집을 나서기 전, 하루에 만나야 할 사람을 확인합시다. 만나야 할 사람들 모두가 좋아할 중립적인 복장을 골라 입읍시다.

우리는 비즈니스라는 프로페셔널의 세계에 살고 있습니다. 자신의 취향대로 복장을 골라서는 안 됩니다. 계약할 사람, 평가할 사람, 좋아할 사람, 기뻐할 사람은 당신이 아닙니다. 당신이 만나는 상대방입니다. 당신의 경솔한 복장 때문에 지금까지 쌓은 노력이 한순간에 허사가 될 수도 있습니다. 일 잘하는 사람이 되려면 작은 실수로 손해나는 짓을 해서는 안 됩니다.

자신이 싫어하거나 불편한 복장이라도 참아야 합니다. 상대방이 신뢰하고 편안해 하는 복장으로 상대방을 만납시다. 출근하기 전에 반드시 오늘 만날 사람을 염두에 두고 복장을 고릅시다. 이것이 진정한 프로페셔널 비즈니스맨의 자세입니다.

제 3 장

일하러 나갑니다

가벼운 발걸음, 행복한 시간

출근시간에 보이는 것들
짧지만 크게 쌓이는, 출근공부
새로운 것을 발견하는 시간
좋은 아이디어는 이동 중에 나온다

하루하루가
대단한 날이라는 생각이 들지 않는다면,
하루라는 것이 없이 한번 살아보라.

짐 에반스

출근시간에
보이는
것들

목표를 달성하는 사람과 그렇지 못한 사람은 출근시간 사용법이 좌우합니다.

"아침을 장악하는 사람이 하루를 장악하고 하루를 장악하는 사람이 인생을 장악한다." 이 말은 제가 항상 마음에 새기고 있는 좌우명 중 하나입니다.

아침에 일어나서 집을 나설 때까지 무엇을 하느냐는 매우 중요합니다. 출근 전, 집에서 충실한 시간을 보내도 출근시간을 활용하지 못하면 소중한 시간을 버리는 것입니다. 출근시간을 정보수집 시간으로 활용합시다. 전철, 버스, 택시, 길거리의 광고 등 모든 광고 내용을 자세히 관찰합시다. 뜬금

없이 웬 광고냐고 생각하는 사람이 있을 것입니다. 그러나 광고를 유심히 보면 얻는 것이 많습니다. 광고를 보면 지금의 트렌드를 알 수 있습니다. 센스가 있는 사람이라면 '다음에 히트작을 예상'하거나 '어떻게 하면 잘 팔릴 것이다'하는 것이 보입니다.

모든 광고는 프로페셔널이 만듭니다. 그들은 모든 광고를 눈에 띄고 알기 쉽게 만들려고 많은 공을 들입니다. 특히 전철과 버스에 있는 광고는 모든 탑승객을 대상으로 하기 때문에 알기 쉽습니다. 광고를 꼼꼼히 분석하면 업무나 생활에 유용합니다. 광고의 메시지를 음미하여 일에 응용합시다. 광고 분석은 비즈니스 센스를 키우는 데 안성맞춤입니다. 비즈니스에 중요한 것은 영업·마케팅 능력입니다. 영업·마케팅 능력이 없는 사람은 비즈니스에서 성공하기 어렵습니다. 광고를 보면 세상의 흐름과 최신정보를 알 수 있습니다. 광고를 통해 최신정보를 얻고 조사·분석하면 가까운 미래의 방향성이 보입니다. 별것 아닌 것처럼 보이지만 한번 실행해 보십시오. 얼마나 유용한지 알 수 있습니다. 그것이 목표를 달성하는 사람과 그렇지 못한 사람의 작지만 큰 차이점입니다.

짧지만
크게 쌓이는,
출근공부

출근시간은 그날 하루 알아야 할 최신정보를 얻을 좋은 기회입니다. 저의 출근 시간은 30분 정도입니다. 전철을 타는 동안 광고를 보며 최신정보를 얻고 신문, 잡지, 책을 읽습니다. 전철 안에서 4종류의 경제신문을 읽습니다. 회사에 도착하면 비즈니스 잡지, 시사주간지 등 4종류의 잡지를 재빨리 훑어봅니다. 한 번에 훑어보는 것이 숙달되어 빨리 읽으며 내용을 파악합니다. 저는 일 때문에 비즈니스 관련 신문과 잡지를 중심으로 정보를 입수하지만 여러분은 어떤 매체를 사용해도 좋습니다. 자신의 일에 적합한 신문이나 잡지를 골라 읽으면 됩니다. 금전적 여유가 있으면 정기 구독하여 꾸준히 보는 것이 좋습니다.

　이것은 자신에게 매우 중요한 선행투자입니다. 돈을 아끼지 말고 신문과 잡지를 사서 봅시다. 저도 대학시절부터 30년 이상 신문과 잡지를 보며 자신에게 선행투자하고 있습니다. 저는 24살부터 42살까지 미국에 있었습니다. 미국에 있을 때 매일 아침 미국과 일본의 신문, 잡지, 책을 꾸준히 읽었습니다. 그 결과 막대한 양의 지식이 쌓였고 비즈니스 센스가 배양되었습니다. 일처리가 빨라진 것은 물론입니다. 신문, 잡지, 책을 꾸준히 읽은 것이 국제경영컨설턴트라는 일에 엄청난 위력을 발휘했습니다. 제가 남들보다 빨리 발전한 것도 매일 아침에 신문이나 잡지를 꾸준히 읽은 덕분이라고 생각합니다. 신문, 잡지, 책을 읽는 효과는 상상을 초월합니다.

　왜 출근시간에 최신정보 수집을 하는 것이 좋을까요? 이유는 간단합니다. 일처리가 빠른 비즈니스맨은 바쁩니다. 회사에 도착해서는 열심히 일을 해야 합니다. 신문, 잡지, 책을 집중해서 읽을 수 있는 시간은 출근할 때밖에 없습니다. 다른 사람보다 일찍 출근해도 신문, 잡지를 집중해서 읽을 수 있는 시간은 다른 사람이 출근하기 전까지입니다. 비즈니스맨은 직장에 도착하자마자 경쟁이 시작됩니다. 책임 있는 위치에 있는 사람은 회사에 도착하자마자 이메일, 팩스,

상사의 지시, 동료와 협의, 부하직원의 보고 검토 등 해야 할 일이 태산입니다.

바쁘다는 핑계로 최신정보 수집을 하지 않아도 될까요? 천만의 말씀입니다. 바쁠수록 여러 업무를 순간적으로 판단하고 처리해야 하므로 최신정보와 동향을 파악해야 합니다. 그것이 의사결정이나 판단의 오류를 줄이는 가장 효과적인 방법입니다. 지위가 높을수록 시시각각 변화하는 상황에 의견을 내고 토의해야 합니다. 그때 상황파악이 전혀 안 되어 있으면 당신의 평가는 낮아집니다. 매일 새로운 정보를 수집하면 지식이 쌓입니다. 지식이 쌓이면 사고력이 좋아져 일처리 능력이 향상됩니다.

출근 시간이 길어 시간이 많으면 신문과 잡지만이 아니고 책도 읽습니다. 한 사람의 경험은 한계가 있습니다. 많은 책을 읽으면 다른 사람의 생각이나 경험을 흡수할 수 있습니다. 비즈니스 책이나 자기계발서를 읽으면 업무에 큰 도움이 됩니다. 아침에는 머리가 맑습니다. 짧은 시간이지만 집중해서 읽으면 머리에 잘 들어갑니다. 어떤 일이 생기면 책에서 얻은 정보가 되살아납니다.

저는 그날 읽은 신문이나 잡지의 내용에서 중요한 부분은 반드시 다른 사람과 의견을 교환합니다. 다른 사람의 관점을 알게 되어 이해가 빨라집니다. 머리에 오래 남습니다. 상당한 시간이 흘러도 그것에 관한 일이 발생하면 생각이 되살아나 신속한 대응과 처리를 할 수 있습니다.

신문이나 잡지, 책의 중요한 정보나 내용이 있으면 복사해서 파일로 보관합니다. 필요할 경우 즉시 찾을 수 있게 효율적으로 정리해서 보관합시다. 그렇게 만든 파일을 정기적으로 들쳐보며 글을 쓰거나 프레젠테이션 할 때 인용하면 설득력이 있습니다. 직장동료들은 당신을 공부하는 사람으로 인식하게 됩니다. 당신의 평가가 올라갑니다.

신문과 잡지, 책을 읽지 않고 목표를 달성한 사람은 없습니다. 유능한 사람이 되려면 많은 정보가 필요하기 때문입니다. 일처리가 부실한 사람은 신문, 잡지, 책을 읽지 않습니다. 매체를 통해 부단히 정보 수집을 하지 않는 사람은 머지않아 패배자가 됩니다. 목표를 달성하고 싶은 사람은 무엇이든 열심히 배워야 합니다. 목표를 달성하는 사람은 항상 활자를 가까이해야 합니다.

새로운 것을
발견하는
시간

출근시간에는 비교적 머리가 맑습니다. 출근 시간을 정보수집에 사용하면 정보습득이 용이하고 머릿속에 오래 남습니다. 출근시간에 전철·버스·택시의 광고와 신문·잡지·책을 보며 정보를 얻는 것은 유능한 비즈니스맨이 되기 위한 필수 조건입니다.

혼자가 되는 이동시간을 새로운 것을 발견하는 기회로 삼아야 합니다. 문제의식이 있는 사람은 바깥 풍경이나 차 안의 상태, 사람들의 대화에서 새로운 것이나 감동적인 것을 발견하려고 노력합니다. 유능한 사람은 그것을 업무와 생활에 활용합니다.

저는 새로운 기획이나 집필거리를 끊임없이 찾습니다. 차 안의 상태, 바깥의 풍경이나 주변에서 벌어지는 일은 사무실이나 집에서는 좀처럼 찾을 수 없는 귀중한 힌트나 아이디어를 줍니다. 출근 시간에 어떤 광경을 보면 갑자기 새로운 일이나 방법이 떠오릅니다. 독창적인 발상이나 아이디어가 되는 경우가 많습니다. 지금까지 제가 제안한 기획 중 히트작은 출근시간에 자연스럽게 생각난 것이 많습니다.

좋은 아이디어나 구상이 떠오르면 즉시 메모를 합니다. 좋은 아이디어일수록 갑자기 생각납니다. 메모하지 않으면 금방 잊어버립니다. 두 번 다시 생각나지 않는 경우가 허다합니다. 저는 이동 중에 무언가를 보고 새로운 것을 발견하거나 좋은 아이디어가 생각나면 즉시 메모합니다. 항상 메모장과 필기구를 가지고 다닙니다.

하루 종일 책상에 앉아 좋은 아이디어가 생각나지 않는다고 한탄하는 사람이 있습니다. 그런 사람은 매일 출근 시간을 이용해 차 안팎의 풍경을 살피며 혼자서 브레인스토밍을 하면 좋습니다. 이 방법을 제 친구들에게 알려주었습니다. 친구들은 "효과가 좋다"라고 입을 모읍니다. 새로운 발상과 좋은 아이디어가 떠올랐다고 매우 기뻐합니다.

좋은 아이디어는 이동 중에 나온다

저는 출근시간을 중요한 아이디어 생성의 기회로 활용합니다. 출근시간이 저의 일에 얼마나 많은 공헌을 했는지 셀 수 없을 정도입니다. 출근시간은 저에게 없어서는 안 될 중요한 시간입니다. 차 안은 또 하나의 일터입니다. 일처리가 빠르고 목표달성 의욕이 강한 사람은 출근 중에도 쉬지 않고 연구합니다. 일과 인생을 진지하게 생각하고 고민합니다. 성과를 내겠다는 집념이 강합니다. 여기서 성공과 실패의 차이가 납니다.

모처럼 좋은 아이디어가 생각나도 귀찮거나 필기구가 없어 메모하지 않는 사람이 있습니다. 그러면 안 됩니다. 다시없을 실력향상과 문제해결의 기회를 놓치는 것입니다. 매우 아까운 일입니다. 출근시간에 생각난 아이디어나 기획안, 방법 등을 구체화하면 업무에서 큰 성과를 거둘 수 있기 때문입니다. 바로 메모할 수 없는 상황이라면 스마트폰의 메모, 녹음 기능을 사용해 반드시 기록합시다. 매우 편리합니다.

저는 이동 중에 좋은 아이디어가 생각납니다. 특히 머리가 맑고 몸을 많이 움직이는 아침 출근 시간에 좋은 아이디어가 많이 생각납니다. 사무실에 가만히 앉아 생각할 때보다 몸을 움직여 이동할 때에 좋은 아이디어가 생각납니다. 비교할 수 없을 정도로 차이가 납니다. 아침에는 머리가 맑아서 아이디어가 명확해집니다.

아이디어가 생각날 때마다 스마트폰에 메모하거나 녹음합니다. 필요한 경우에는 기록한 것을 프린터로 인쇄합니다. 녹음한 경우에는 간단하게 타이핑해서 인쇄합니다. 문서화해서 보관합시다. 저는 이런 방법으로 책이나 잡지의 원고를 씁니다. 본업인 경영컨설턴트와 회사 경영으로 회의가 많아 집이나 사무실에서 글 쓸 시간이 좀처럼 나지 않습니다. 업무 중에는 바빠서 좋은 아이디어가 생각나지 않습니다. 집이나 사무실에서 생각나지 않았던 아이디어가 출근 중에 생각나는 경우가 많습니다. 그것을 즉시 메모해 업무에 활용하거나 원고의 일부로 사용합니다. 저는 이 방법 덕분에 업무에서 좋은 성과를 내거나 한 달에 한 권 이상의 책을 쓸 수 있습니다. 바쁜 사람에게는 아침이 더욱 생산적입니다. 아침 시간을 잘 활용합시다.

제 4 장

긴장과 흥분이 교차하는 시간

아침에 먼저 해야 할 일
하루의 목표를 정한다
'할 일 리스트'를 구체적으로 만든다
'반성·꿈·목표 노트'로 동기부여를 한다
전략적인 스케줄인가?
일의 순서를 정하는 법
연락은 다른 일이 몰려오기 전에
감사편지 보내기

오늘이라는 날은
두 번 다시 오지 않는다는 것을
잊지 말라.

단테

하루의 목표를 정한다

저는 매일 회사에 도착하자마자 하는 일이 있습니다. 하루의 목표를 정하는 일입니다. 일정을 확인하면서 회의, 미팅, 이벤트, 강연, 계약, 집필, 프레젠테이션 등 하루의 목표를 모두 정리합니다.

   우리 회사는 매주 월요일 아침에 약 1시간 동안 직원과 회사 관계자 전원이 조회를 합니다. 월요일 아침에는 회사에 도착하자마자 조례의 구체적인 내용을 시뮬레이션한 뒤 조례를 시작합니다. 조례에서 무엇을, 어떻게 할까를 정리합니다. 우리 회사의 사업은 크게 5가지입니다. 경영·창업 컨설팅, 프랜차이즈 레스토랑 사업, 세미나·이벤트 기획 운영, 인재파견·

인재소개, 출판기획·집필입니다. 이것 이외에도 자회사나 관련회사의 사업도 있습니다. 조례에서는 각 사업 담당자의 업무계획을 구체적으로 명시합니다. 목표를 세우고 서로 확인합니다.

목표는 기간에 따라 세워야 합니다. 하루부터 평생까지 세웁니다. 목표설정의 최소 단위는 하루입니다. 인간의 생활에서 일을 완결할 수 있는 최단 기간이 하루이기 때문입니다. 큰 인생의 목표도 하루의 목표가 쌓여야 달성할 수 있습니다. 매일 노력을 거듭해서 그 노력이 쌓여야 일생의 목표를 이룰 수 있습니다. 하루의 목표는 자신에게 필요한 것이면 무엇이든 좋습니다.

저는 매일 회사에 출근하면 경영컨설팅, 강연, 회사 경영, 영업, 집필 등에 목표를 설정하고 확인합니다. 집필의 경우에는 'A출판사에서 출간할 예정인 책의 제3장, 30페이지를 오늘 안에 쓴다.' 영업의 경우에는 '오전 10시에는 B사 사장, 오후 2시, 3시에는 C사와 D사 사장과 미팅을 하고, 저녁 7시에는 E사 사장과 식사를 하면서 미팅한다.' 각 미팅마다 영업 프레젠테이션을 준비하며 인간관계 형성을 위한 구상을 합니다. 각 업무마다 목표를 설정하는 것입니다.

이렇게 설정하면 하루에 해야 할 일을 전부 확인할 수 있습니다. 각 일정을 확인하면서 좋은 성과를 내기 위해 결의를 다집니다. 하나의 일을 할 때는 다른 일에 신경 쓰지 않게 되고 집중하게 됩니다. 이 작업은 매우 간단합니다. 시간이 많이 걸리지 않습니다. 숙달되면 몇 분 걸리지 않습니다. 이 작업을 하면 기합이 들어가 집중력과 의욕이 증가합니다. 하루의 스케줄을 확인하며 마음의 준비를 하는 것입니다. 마음의 준비가 확실하면 적절한 대응을 하기 쉽습니다. 일처리가 빨라집니다.

'할 일 리스트'를
구체적으로
만든다

며칠 전, 큰 꿈을 가지고 거기에 어울리는 목표를 세운 후배가 상담을 요청했습니다. 그의 고민은 자신의 목표를 향해 열심히 노력하는데 좀처럼 목표에 다가가지 못한다는 것이었습니다. 대화를 해보니 그는 확실히 열심히 하고 있었습니다. 그러나 몇 가지 문제점이 있었습니다. 가장 큰 문제는 장기적으로 높은 목표를 세웠지만 그것을 달성하기 위해 매일 해야 할 일을 파악하지 못한다는 것이었습니다. 제가 질문을 하면 대답은 항상 같았습니다. "열심히 할 따름입니다." '지금은 집중과 선택의 시대'입니다. 개인의 인생과 일도 이에 해당됩니다.

일생을 건 큰 목표를 달성하려면 하루의 목표를 세우고 달성해야 합니다. 하루의 목표달성이 쌓여 일생의 목표가 달성됩니다. 저는 후배에게 "오늘 해야 할 일을 구체적으로 확인해야 한다. 매일 아침 출근하면 그날 해야 할 일을 리스트로 만들어라"라고 조언했습니다. 후배는 다른 사람들처럼 회의나 미팅 스케줄을 관리했습니다. 직장인이라면 누구라도 당연한 일을 하고 있었습니다. 남들과 똑같이 해서는 차이를 만들 수 없습니다.

일처리가 빠른 사람은 하루의 스케줄을 확인하며 그 스케줄에 관련된 일을 리스트로 만듭니다. 거래처와 영업미팅이 있다면 짧은 시간이라도 영업성과를 올려야 합니다. 미팅준비를 리스트로 만들어야 합니다. 미팅에서 상대방의 마음을 움직이려면 미리 준비를 해야 합니다. 거래회사와 미팅 담당자를 철저히 조사해야 합니다. 미팅에 관련된 정보를 입수해 분석하지 않으면 좋은 제안을 할 수 없습니다.

출근 직후 당일에 해야 할 일을 리스트로 만드는 작업은 하루의 스케줄을 재확인하는 의미도 있습니다. 빠뜨릴 수 없는 중요한 작업입니다. 머리가 맑은 아침에 그날 해야 할 일을 리스트로 만들면 잘 정리될 뿐만 아니라 머리에 오래 남습니다. 미팅을 할 때 확인해야 할 사항이 바로 생각납니다.

'할 일 리스트'는 언제, 어디서든 즉시 확인할 수 있게 가지고 다닙시다. 수첩, 메모장, 노트, 스마트폰 아무거나 사용해도 좋습니다. 어느 것을 사용하느냐는 중요하지 않습니다. 얼마나 잘 활용하느냐가 중요합니다. 사용하기 가장 편한 것을 골라서 사용합시다.

'반성·꿈·목표 노트'로 동기부여를 한다

아무리 열심히 일하는 사람이라도 슬럼프가 옵니다. 인간은 나약한 동물입니다. 풀이 죽거나, 의욕이 생기지 않아 목표를 포기하고 싶을 때도 있습니다. 너무 바빠 꿈을 잊고 사는 경우도 있습니다. 지금은 많이 줄었지만 저도 40살까지는 자주 슬럼프에 빠졌습니다. 꿈과 목표를 포기할 것 같은 상황이 자주 벌어졌습니다. 그때 많은 도움이 되었던 것은 모티베이션과 의욕을 일으키는 '반성·꿈·목표 노트'였습니다. 어떤 사람은 일기를 활용합니다. 운동선수들이 이런 노트를 잘 활용합니다.

아침에 출근하면 바로 목표달성 확인 작업에 들어갑니다.

'반성·꿈·목표 노트'를 보며 자신을 제어합니다. 오늘 하루도 노력한다는 결의가 강화됩니다. '반성·꿈·목표 노트'는 하루를 충실하게 보내게 만듭니다. 인간은 불가사의한 존재입니다. 자주 자신의 꿈과 목표를 확인하면 그렇게 될 것 같다는 생각이 들어 강한 집념이 생깁니다.

저도 그런 체험을 숱하게 했습니다. 저는 영어가 서툴렀지만 영어가 필수인 국제경영컨설턴트가 되겠다는 꿈을 가졌습니다. 목표를 향해 노력하면서 매일 '반성·꿈·목표 노트'에 반성과 결의를 쓰고 틈나는 대로 들여다보았습니다. 그러자 강한 집념과 기원이 생겼습니다. 할 수 있다는 생각이 들었습니다. 저는 '반성·꿈·목표 노트' 덕분에 절대로 하고 만다는 강한 자기암시가 생겼습니다. 매일 아침 어떻게 하면 목표를 달성할 수 있을까를 생각하고 저 나름의 느낌이나 방법을 적었습니다. 그리고 적은 것은 반드시 실천했습니다. 효과가 있는 것은 완전히 제 것으로 만들었습니다. 결국 국제경영컨설턴트라는 꿈을 이루었습니다.

비즈니스 책 작가가 되는 것도 마찬가지였습니다. 저는 어린 시절부터 글을 잘 쓰지 못했습니다. 그래서 '반성·꿈·목표 노트'에 비즈니스 책을 쓰겠다는 목표를 적고 생각날 때마다 구체적인 방법을 적었습니다. 매일 아침 복기하며 내용을 첨가했습니다. 먼저, 글쓰기 학원에 등록해서 글 쓰는 법을 배웠습니다. 글쓰기 관련 책을 읽으며 잘 쓴 문장을 따라 적었습니다. 다른 사람이 쓴 비즈니스 책을 읽으며 글 쓰는 방법을 익혔습니다. 어떻게 해야 출간할 수 있을까도 배웠습니다. 이 모든 것을 노트에 적고 우직하게 실천했습니다. 학원을 다니면서 글쓰기 노하우를 배우고 글을 쓴 뒤에는 글쓰기 선생님의 감수를 받았습니다. 여러 출판사를 찾아다니며 출판 가능성을 타진했습니다. 결국, 제 이름의 비즈니스 책이 나왔습니다. 간단해 보이지만 처음에는 숱하게 거절을 당했습니다. 책을 낸다는 일은 만만치 않았습니다. 출판사 관계자의 편잔에 좌절하기도 했습니다. 도전하고 실패하면서 문제점을 '반성·꿈·목표 노트'에 적고 패자부활을 위해 결의를 다졌습니다. 출판에 관련된 사항을 빠뜨리지 않고 노트에 적었습니다. '반성·꿈·목표 노트'에 목표와 실현전략, 행동계획을 적고 반성, 확인, 결의를 하지 않았다면 책을 낸다는 꿈을 실현하지 못했을 것입니다.

　'반성·꿈·목표 노트'에 적는 것도 중요하지만 노트에 적은 내용을 매일 확인해야 합니다. 노트를 읽으면서 목표를 향한 결의를 다지고 반성·실현전략·행동계획 등을 첨가합니다. 이 작업은 머리가 맑은 아침에 해야 효과가 좋습니다. 매일 이 작업을 반복하면 의식이 개혁됩니다. '반성·꿈·목표 노트'는 불가능을 가능하게 만드는 비장의 무기입니다.

전략적인 스케줄인가?

하루의 스케줄을 전략적으로 세우지 못하는 사람이 많습니다. 저도 과거에는 그랬습니다. 아침 시간의 중요성을 인식하지 못하는 사람이 의외로 많습니다. 하루 중 가장 머리가 맑은 시간대는 아침입니다. 아침을 창의적인 일이나 머리를 쓰는 일에 사용합시다. 지인 중에 이와 반대로 일하는 사람이 있습니다. 그는 항상 투덜거립니다.

"모처럼 차분히 생각하거나 창의력이 필요한 일을 하려면 손님이 오거나 직원이 협의하자고 해. 아침부터 일에 쫓겨 아무것도 할 수 없어."

아침부터 미팅을 잡기 때문에 이러한 일이 벌어집니다. 아침은 혼자서 창의적인 일을 하는 데 사용해야 합니다. 불가피하게 미팅을 해야 한다면 오후에도 할 수 있는 일반적인 미팅을 피하고 머리를 써야 하는 기획이나 신규 사업을 중심으로 해야 합니다. 고객이 요청해도 급한 사항이 아니면 오후로 일정을 잡아야 합니다. 같은 종류의 회의나 작업을 반복하거나 한 가지 일을 장시간 하는 사람이 있습니다. 이것도 전략적이지 않습니다. 인간은 같은 일을 장시간 하거나 반복하면 금방 싫증을 냅니다. 집중력이 떨어져 실수가 잦아집니다.

성공의 관점에서 스케줄을 짭시다. 당신의 스케줄이 생산성·효율·효과·창의 면에서 최선인가를 체크합시다. 만약 그렇지 않다면 자신에게 가장 유효한 스케줄로 바꿉시다. 일은 계속해서 들어옵니다. 전략적 관점에서 최적 타이밍에 일을 합시다.

일의 순서를 정하는 법

일을 하면 다양한 사람과 만나게 됩니다. 일처리가 빠른 사람과 그렇지 않은 사람은 분명히 차이가 있습니다. 그 차이는 일의 우선순위를 정해 중요한 것부터 끝내느냐의 여부가 결정합니다. 일을 못하는 사람은 우선순위를 정하지 않고 일합니다. 일에 우선순위를 정해 요령 있게 일하지 않으면 목표를 달성하지 못합니다. 일할 수 있는 시간은 한계가 있습니다. 직급이 올라갈수록 일이 늘어나서 모든 일을 한꺼번에 할 수 있는 시간적 여유가 없습니다. 중요하고 시급한 일을 선별해서 집중해야 합니다. 성공의 열쇠는 '선택과 집중'입니다. 선별해서 일을 합시다.

회사·조직·자신에게 가장 중요한 일부터 순서를 정해 처리합시다. 이렇게 하지 않으면 트러블이 발생합니다. 회사에 출근하면 그날의 스케줄을 확인하면서 일의 우선순위를 정합니다. 중요도와 마감시간 순으로 정합니다. 회사와 조직 그리고 당신에게 가장 중요하고 시급한 일을 그날 완결 지읍시다. 중요하지만 그날 끝내지 않아도 되는 일은 다음으로 미루어야 합니다. 시급하지만 중요하지 않은 일은 다른 사람에게 부탁합시다. 요령 있게 일하는 것이 관건입니다. 시간이 오래 걸리는 일은 며칠로 나눠서 처리합니다. 마감일보다 하루 전에 끝낼 수 있게 업무 스케줄을 짜야 합니다. 미리 언제까지 어떤 순서로 할 것인가라는 행동계획을 면밀하게 세웁시다. 착수하면서 계획을 짜면 이미 늦습니다.

비즈니스의 프로페셔널은 일의 순서를 정하는 방법을 잘 알고 있습니다. 다음과 같이 순위를 정합시다.

1. 가장 중요하고 지금 즉시 해야 하는 일
2. 가장 중요하고 오늘 중에 해야 하는 일
3. 중요하고 오늘 중에 해야 하는 일
4. 가장 중요하지만 오늘 중에 하지 않아도 되는 일
5. 중요하지만 오늘 중에 하지 않아도 되는 일

6. 중요하지 않지만 지금 하는 편이 좋은 일
7. 중요하지 않지만 오늘 하는 편이 좋은 일

일의 순서를 정할 때는 마감일도 고려해야 하지만 중요도를 최우선으로 해야 합니다. 중요한 일을 희생하며 중요하지 않은 일의 마감일을 맞출 필요가 없습니다. 상황에 따라서는 중요하지 않은 일은 하지 않아도 됩니다. 확실히 명심합시다. 일할 수 있는 시간은 한계가 있습니다. 무리해서 모든 일을 처리하려고 하면 패닉 상태에 빠집니다.

연락은
다른 일이
몰려오기
전에

중요한 연락은 아침에 해야 합니다.

연락해야 할 시기를 놓치면 연락해야 할 일이 점점 더 들어와 순식간에 쌓이고 바쁘게 일하다보면 잊어버리는 경우가 발생합니다. 결국 상대방에게서 불만 전화가 옵니다.

   요즘에 많이 쓰는 이메일을 예로 들어 봅시다. 받은 이메일을 아침에 답장하지 않으면 바쁜 업무시간에는 답장하기 힘들어집니다. 저에게는 매일 이메일이 500통 정도 옵니다. 아침에 출근해서 이메일을 열면 한숨이 나올 정도로 많이 와 있습니다. 읽는 것만도 벅찹니다. 답장하는 일이 전투같이 느껴집니다. 이메일을 확인하고 요점만을 간단하게 적어 답장합니다. 내용의 완벽을 기하지 않습니다. 핵심만 간단히 적어 보냅니다. 용건만 빨리 답장하는 것이 포인트입니다.

어떤 연락이든 상대방은 당신의 빠른 대답을 기다린다고 생각합시다. 쓸데없는 내용을 배제하고 요점만을 빨리 답변합시다. 답장을 빨리 하려면 비결이 필요합니다. 먼저 결론부터 말하거나 적습니다. 그리고 상대방의 질문 내용 순이나 중요도 순을 항목별로 정리해서 답변·답장합니다. 필요하면 상세한 설명을 붙입니다. 상세한 설명을 해도 이해하기 어려우면 전화나 미팅으로 재확인하겠다는 의사를 전합니다.

평상시에 팩스, 이메일, 서류 발송 등의 연락에 신속한 대응을 하려고 노력해야 합니다. 팩스, 이메일을 답신하지 않고 방치하면 답신해야 한다는 압박이 정신적인 부담으로 작용합니다. 결국 일처리가 느려집니다.

감사편지 보내기

목표를 달성하는 사람은 인간관계 구축의 프로페셔널입니다. 누구를 만나든지 인연을 소중히 여깁니다. 만난 뒤의 처신도 좋아서 상대방이 호감을 가집니다. 몇 번 만나면 상대방이 자신의 팬이 되기도 합니다. 지금은 많은 거래가 이메일로 이뤄지고 있습니다. 감사인사도 보통 이메일로 합니다. 그러나 진정으로 감사 표시를 하고 싶으면 정중하고 정성스럽게 쓴 '손편지'를 보내보세요. 감사의 마음이 확실하게 전해질 것입니다. 편지는 구식 같아 보이고 귀찮아서 요즈음 사람들이 잘 이용하지 않습니다. 남들이 하지 않기 때문에 오히려 효과가 좋습니다.

나이 드신 분들에게는 반드시 직접 쓴 편지로 감사의 마음을 전합시다. 50대 이상의 사람들은 아직도 성의를 중요시합니다. 편지를 보낸 후, 잠시 시간을 두고 감사 전화를 합니다. 대부분의 조직에서 결정권을 가지고 있는 사람은 나이가 많습니다. 정성껏 쓴 편지가 당신의 일에 좋은 영향을 미칠지도 모릅니다.

새로운 사람을 만나고 나서 이메일을 보낼 경우 다음 날 아침 9시 이전까지는 보내야 합니다. 감사편지를 보낼 정도의 소중한 사람일 경우에는 다음 날 오전까지는 보냅시다. 만난 당일에 보내면 더욱 좋습니다. 직장인들은 출근하자마자 이메일을 열어봅니다. 그래서 아침 9시 이전에 보내라는 것입니다. 모든 일은 타이밍이 중요합니다. 당신이 상대방의 기억에 남아 있는 동안 보내야 합니다. 가능한 한 빨리 보내야 감동을 극대화할 수 있습니다. 시간이 너무 흐른 뒤에 이메일이나 편지를 보내면 효과가 떨어집니다. 오히려 역효과가 나는 경우도 있습니다. 너무 늦게 왔다는 느낌이 들어 성실해 보이지 않습니다. 가능하면 빨리 보내야 합니다. 늦어도 다음 날 아침에는 감사편지를 보냅시다.

만난 직후에 편지를 쓰면 기억이 생생하므로 상대방의 마음을 잡는 글을 쓸 수 있습니다. 편지는 이메일과 달리 손으로 직접 쓰기 때문에 정중하고 성실해 보입니다. 감사의 뜻을 전달하기에는 안성맞춤입니다.

와타미의 와타나베 사장이 저에게 보낸 편지내용의 일부를 소개합니다.

"저와 하마구치 사장의 만남은 저의 일생에 매우 중요한 계기가 되었습니다. 같이 힘을 합쳐 새로운 비즈니스 문화를 만들어봅시다. 저뿐만 아니라 우리 회사의 직원들도 사장님께 매료되었습니다. 저도 하마구치 사장님께 많은 것을 배웠습니다."

상대방의 마음을 확실히 잡는 내용의 편지입니다. 한 사람의 인간이 할 수 있는 일은 한계가 있습니다. 인적 네트워크는 넓을수록 좋습니다. 자신의 목표를 달성하기 쉬워지기 때문입니다.

제 5 장

자, 오늘 하루 열심히 살아 봅시다

머리 쓰는 일·마음 밝은 일

마음을 담은 밝은 인사
머리가 맑을 때, 머리 쓰는 일 하기
문서 작성과 글쓰기 연습
중요한 회의는 전원이 모이는 오전에
오 마이 갓! 모르는 것은 물어볼 사람이 있는 오전에

오늘 식사는 내일로 미루지 않으면서,
오늘 할 일은 내일로 미루는 사람이 많다.

C.힐티

마음을
담은
밝은 인사

일 잘하는 사람은 인사도 잘합니다. 특히 마음에서 우러나는 밝은 인사를 자연스럽게 합니다. 일은 활기와 기세로 하는 것입니다. 마음이 담긴 밝은 인사는 일을 잘할 수 있는 원천이 됩니다. 인사 자체가 업무 성과로 연결됩니다. 형식적이거나 대충하는 인사는 하는 사람이나 보는 사람 모두에게 좋지 않습니다. 실적이 좋은 회사나 조직의 구성원은 진심으로 밝게 인사합니다. 아침은 하루의 시작입니다. 하루의 시작이 어두우면 '원인결과의 법칙'에서 그날 하루를 이기지 못하는 원인을 제공하는 것과 같습니다.

인사는 '오늘 하루도 자신의 과제에 도전하고 구성원 모두에게 힘을 불어넣어 승리하자'라며 자신과 주변사람들에게 결의를 표명하는 것입니다. 활기찬 인사는 자신과 주변사람에게 기를 불어넣어 조직 전체의 분위기를 좋게 만듭니다.

인사에는 기본적인 룰이 있습니다. 상대방의 앞에서 눈을 보며 마음을 담아 밝은 모습으로 해야 합니다. 상대방에게 당신의 성의와 결의를 전한다는 마음으로 합니다. 상대방은 당신의 예의바르고 활달한 태도에 기분이 좋아집니다. 당신에게 좋은 평가를 내리지 않을 수 없습니다. 인사는 상대방이 받아들여야 가치가 있습니다.

어색하다고 생각해 인사하지 않는 사람이나 인사에 소극적인 사람은 매일 아침 혼자서 거울을 보면서 연습해야 합니다. '인사를 잘해야 사회에서 인정받는다'라는 말을 할 정도로 인사는 중요합니다. 인사는 목표를 달성하는 기본입니다.

머리가 맑을 때, 머리 쓰는 일 하기

앞에서도 잠깐 언급했지만 오전은 하루 중 머리가 맑은 시간대입니다. 오후가 되면 일이 밀려들어 차분히 머리를 쓰는 일을 할 수 없습니다. 몸을 쓰는 일도 중요하지만 머리를 쓰는 일은 더욱 중요합니다. 머리를 써 전략적·효과적으로 일해야 일처리가 빨라지고 능력 있는 사원으로 인정받습니다. 이것은 신입사원에게 특히 중요합니다. 생각 없이 일하는 신입사원은 성장할 수 없습니다. 신입사원이 빨리 목표를 달성하는 사람인지 아닌지를 판단하는 잣대는 생각하며 일하느냐, 아니냐에 달려 있습니다.

직위가 올라가 책임이 많아지면 정확한 판단을 위해 머리를 써야 합니다. 생각의 중요성이 증가하는 것입니다. 사장이나 조직의 리더가 되면 머리를 쓰며 일해야 합니다. 생각 없이 일하면 쓸데없이 힘을 소모하게 됩니다. 효율적으로 일하지 못합니다. 생각 없이 일하므로 '쓸데없는 일이다, 방법이 효율적이지 못하다'는 것을 알아채지 못합니다. 신사업 기획처럼 새로운 아이디어가 필요한 일은 오전 중에 합시다.

오전에는 오후와 달리 속도·생산성·논리력·문장력·창의력·통솔력·판단력 등이 좋아집니다. 특히 창의력과 집중력은 오후보다 오전이 두 배 이상 늘어납니다. 같은 일을 해도 성과가 좋아질 수밖에 없습니다. 아웃풋이 그것을 증명합니다.

문서 작성과
글쓰기
연습

머리를 쓰는 작업으로는 글쓰기를 들 수 있습니다. 글쓰기는 단순작업이 아닙니다. 먼저 글을 구상해야 합니다. 읽는 사람이 이해하기 쉽게 써야 합니다. 창의력과 문장력, 전달력이 필요한 작업입니다. 모든 서류는 오전에 작성하는 것이 좋습니다. 왜 오전일까요? 오후에는 몸과 마음이 피로해져 좋은 아이디어가 생각나지 않습니다. 문장의 짜임새도 없습니다. 결국 서류의 내용이 부실해집니다. "창의력을 발휘해서 작성하라"고 지시해도 체력과 정신력이 따라가지 못합니다. 무리한 지시가 되어 효과가 없습니다.

매일 아침 글 쓰는 시간을 정하고 의무적으로 실행하면

효과가 좋습니다. 일처리가 빠른 사람에게 필요한 능력 중 하나가 커뮤니케이션입니다. 매일 아침 문장을 작성하면 소통능력이 향상됩니다. 글쓰기 능력이 좋아지면 말하는 능력이 향상됩니다.

문서작성, 즉 아웃풋하려면 먼저 인풋해야 합니다. 인풋의 내용이 부실하면 좋은 보고서가 나오지 않습니다. 인풋의 내용이 좋아지려면 평상시에 문제의식을 가지고 생각하고 행동해야 합니다. 논리적으로 생각하는 힘이 있어야 합니다. 커뮤니케이션 능력을 높이려면 매일 아침, 시간을 정해 글을 씁시다. 보고서, 제안서, 기획서 무엇이든 좋습니다. 누가 읽더라도 핵심을 단번에 명확히 알 수 있게 작성합시다.

문서를 작성할 때 한 가지 주의해야 할 점이 있습니다. 누가, 무엇 때문에 읽는가를 생각하면서 쓰는 것입니다. 쓰는 입장에서 생각하지 않고 읽는 입장에서 작성해야 합니다. 읽는 사람이 무엇을 요구하는지를 생각하며 써야 합니다. 이렇게 생각하며 문서를 작성하면 명확하지 않은 표현이나 논리 없는 내용이 사라집니다. 간단하지만 알기 쉬운 문장이 좋은 글입니다. 문장이 길고 핵심을 벗어나면 바쁜 직장상사나 동료 등 업무관련자가 짜증을 냅니다. 모든 문장을 짧고 간단하게 쓰는 습관을 들입시다.

매일 오전 좋은 문장을 쓸 수 있게 연습합시다. 일 잘하는 사람으로 평가받게 될 것입니다.

중요한
회의는
전원이 모이는
오전에

영업회의나 기획회의 등 중요한 회의는 오전 중에 해야 합니다. 저는 이것의 중요성을 신입사원일 때 알게 되었습니다. 저는 대학을 졸업하고 바로 국제회계컨설팅회사의 뉴욕 본사에 근무하게 되었습니다. 그 회사에서는 중요한 회의를 항상 오전에 했습니다. 오후에 하는 편이 더 좋을 때도 있었는데 항상 오전에 했습니다. 처음에는 왜 항상 오전에 회의를 하는지 이해가 되지 않았습니다. 그러나 곧 그 이유를 알게 되었습니다. 오후에는 고객과의 미팅이나 영업 등으로 모든 직원이 모이기 어려워집니다. 오후에 중요한 회의를 하면 참석하지 못하는 사람이 많아 다시 회의를 해야만 합니다.

　직원들이 바빠서 회의에 참석할 수 없을 경우 회의에서 토의한 중요한 정보를 공유할 수 없습니다. 정보부족으로 큰 실수를 범할 수도 있습니다. 중요한 회의는 모든 직원의 지혜를 짜내 토의해야 합니다. 오후에 중요한 회의를 하면 다른 일이 빈번히 생겨 신경이 쓰입니다. 갑자기 중요한 고객이 방문하거나 외부 거래처에서 연락이 옵니다. 외근 나가야 할 경우가 속출합니다. 여기저기서 연락이 오면 회의가 산만해져 집중력이 떨어집니다. 쓸데없는 토의가 반복되고 결론이 쉽게 나오지 않습니다. 시간낭비가 심해집니다. 당신이 회의를 주재해야 한다면 회의참석자의 협조를 구해 오전 중에 합시다.

　오전은 생산성이 높은 귀중한 시간대입니다. 짧게 회의를 끝낼 수 있도록 사전 준비를 철저히 해야 합니다. 회의를 주재할 때는 토론을 오래하지 않아도 결론이 나올 수 있게 필요한 자료를 완벽히 준비합시다. 정보가 부족해 결정하지 못하는 사태를 미연에 방지해야 합니다. 결론 없는 회의는 시간낭비입니다. 누가, 무엇을, 어떻게, 언제까지 한다는 구체적인 행동계획을 결정하는 것이 회의의 목적입니다. 결정을 도출하지 못하는 회의는 생산성이 없습니다. 준비가 철저하지 못하면 정보부족으로 토론을 위한 회의를 몇 번씩 되풀이하게 됩니다. 생산성 있는 오전 시간을 사용하는 의미가 사라집니다.

오 마이 갓!
모르는 것은
물어볼 사람이 있는
오전에

오전 중에 직장상사나 선배가 급하게 일을 지시하는 경우가 있습니다. 제가 신입사원이었을 때는 그러한 경우가 빈번했습니다. 아무 생각 없이 상사의 지시를 받으며 제대로 이해하지 못한 상태로 "예"라고 대답했습니다. 그러면 나중에 반드시 곤욕을 치렀습니다. 신입사원 때는 업무지식이 부족해 설명을 들어도 잘 이해하지 못합니다. 자세한 사항을 파악하지 못해도 '나중에 일하면서 조사하거나 다시 물으면 되겠지'라고 생각해 "예"라고 대답합니다.

의문점이 있어도 묻지 못하는 다른 이유도 있습니다. 관련 지식이 부족해 핀잔을 들을까 두렵기 때문입니다. 직장상사의 지시 내용에 모르는 것이 많아서 이것저것 질문하면 직장 상사의 시간을 너무 많이 뺐을 것 같다는 생각도 듭니다. 지시를 받을 때 문제없다는 투로 "예"라고 대답하면 상사나 선배는 "이해가 빠르다"라고 칭찬합니다. 몰라도 일단은 잘 넘어갑니다. 그러나 지시받은 업무를 실제로 하다보면 막히는 곳이 한두 군데가 아닙니다. 무엇이 무엇인지 전혀 모르고 헤매게 됩니다. 만만치 않다는 것을 알게 됩니다. 당황해서 상사나 선배에게 물어보려 해도 그들은 자리에 없습니다. 거래처에 가거나 장시간 회의에 들어간 것입니다. 출장을 가기도 합니다. 오후에는 상사와 연락하기가 어려운 상황이 자주 생깁니다.

제가 신입사원이었을 때 그러한 상황에 처하면 혼자 외쳤습니다. "오 마이 갓!" 그 당시 제 별명은 '미스터 오 마이 갓' 이었습니다.

직장상사들은 보통 오전에 일을 지시합니다. 오후가 되면 외부 사람들과 약속이 있고 오후에는 지시한 일의 보고를 받아야 하기 때문입니다. 오후가 되면 직장상사와 연락이 안 되는 경우가 자주 생깁니다. 지시받을 때 직장상사의 스케줄을 파악하면 좋겠지만 직장상사가 자신의 스케줄을 알려주는 경우는 드뭅니다. 만약 직장상사의 오후시간이 비어 있다고 해도 언제 일이 생길지 모릅니다.

직장상사가 외출하기 전인 오전시간에 의문 나는 점을 철저히 물읍시다. 지시사항을 완벽히 파악하고 해결방법을 찾읍시다. "이해가 느리다" "멍청하다" 등 바보 취급을 받아도 좋다고 생각합시다. 지시사항을 확실히 수행할 수 있을 때까지 철저히 질문합시다. 나중에 물어보지 않아도 일처리에 문제가 생기지 않게 물어봅시다. 빠르고 완벽하게 일처리 합시다. 핀잔을 준 직장상사가 당신이 처리한 일을 본 순간 당신에 대한 인식이 달라질 것입니다. 이러한 과정을 반복하면 일일이 물어보지 않아도 일처리를 잘할 수 있게 됩니다.

제 6 장

발에 땀나는 시간이야.
여기는 전쟁터일까?

일 잘하는 사람이 일하는 법

전화통화는 짧게
전달 사항은 결론부터
전력투구
성심성의
정신없는 낮 시간에 메모장은 필수

지금이야말로 일할 때다.
지금이야말로 싸울 때다.
지금이야말로 나를 더 훌륭한 사람으로 만들 때다.
오늘 그것을 못하면 내일 그것을 할 수 있는가?

토마스 아켐피스

전화
통화는
짧게

저에게는 일처리가 빠른 사람인지 아닌지 그 여부를 판단하는 한 가지 기준이 있습니다. 지금까지 그 기준을 적용해서 빗나간 적이 많지 않습니다. 그것은 전화하는 방법을 보면 알 수 있습니다. 일을 잘하는 사람은 간결하게 전화합니다. 필요 없는 말이나 모호한 표현은 일절 하지 않습니다. 서로 그렇게 하면 전화를 한 사람, 받은 사람 모두가 통화내용의 핵심을 금방 파악해 일에 능률이 오릅니다. 기분마저 상쾌해집니다.

일처리가 느린 사람은 전화내용이 산만합니다. 생산성과 효율성을 생각하지 않고 통화하므로 쓸데없는 말이 많아집니다. 집중력이 떨어집니다. 일처리가 빠른 사람이 그런 사람의 전화를 받으면 시간이 아까워 불쾌해 합니다.

일처리가 느린 사람들끼리 통화를 하면 두 사람 다 시간관념이 없어 같은 이야기를 몇 번이나 반복합니다. 소문이나 농담을 많이 합니다. 주변 직원들이 눈살을 찌푸립니다. 당연히 평가가 나빠집니다. 직장상사나 선배가 "빨리 끊어"라고 야단치는 경우도 생깁니다. 신입사원이 전화를 할 때 그런 장면을 많이 목격하게 됩니다.

일처리가 빠른 사람이 되어 목표를 앞당겨 달성하고 싶다면 용건 중심으로 간단히 통화해야 합니다. 낮에는 해야 할 일이 많습니다. 전화 한 통을 붙잡고 잡담으로 시간을 보낼 여유가 없습니다. 다른 사람은 열심히 일해 좋은 성과를 내고 있기 때문입니다.

중요한 사안으로 길게 통화해야 하는 경우를 제외하고는 한 통의 전화에 걸리는 시간은 1분이면 충분합니다. 저는 특별한 경우를 제외하고 3분 이상 통화하는 사람을 보면 이해할 수 없습니다. 그런 사람은 시간을 중요하게 생각하지 않고 일을 진지하게 하지 않습니다.

전화대응은 일하는 자세와 일맥상통합니다.

일처리가 빠른 사람, 시간을 소중하게 생각하는 사람, 상대방을 배려하는 사람일수록 전화응대가 효율적이고 효과적입니다. 비즈니스가 가장 치열한 시간대인 낮에는 더욱 시간을 아껴야 합니다. 가장 빨리 전화 응대법을 마스터하려면 어떻게 하는 것이 좋을까요? 주변의 일처리가 빠른 사람, 목표를 달성한 사람의 흉내를 내면 됩니다. 그들의 통화는 예외 없이 빠르고 간결합니다.

전달
사항은
결론부터

상대방에게 말하고자 하는 내용을 가장 잘 전달하는 방법이 뭘까요? 결론부터 말하는 것입니다. 보통은 기승전결에 따라 이야기를 전개하는 패턴을 하나의 법칙으로 생각합니다. 그것을 큰 미덕으로 생각합니다. 그러나 효율적으로 일을 해서 목표를 빨리 달성한다는 면에서는 크게 잘못된 것입니다.

낮에는 바쁩니다. 거의 전쟁상태입니다. 바쁜 와중에 일일이 긴 대화에 응해줄 여유와 시간이 없습니다. 대화의 핵심을 첫머리에 함축해 말합시다. 결론부터 말하는 것입니다. 그렇게 해야 시간이 절약되어 효율적으로 일 할 수 있게 됩니다.

문학이라면 기승전결에 따라 이야기를 전개하는 것도 좋겠지만 시간싸움이 승패를 좌우하는 경쟁사회에서는 시간을 절약해야 합니다. 결론부터 먼저 말해야 합니다. 상대방이 더 알고 싶으면 결론에 도달하기까지의 과정을 질문할 것입니다. 그때 상대방이 알고 싶어 하는 것만 대답하면 됩니다.

비즈니스에서 낮 시간은 전쟁을 방불케 하는 시간대입니다. 모두가 빠른 일처리를 위해 필사적으로 노력합니다. 그런 사람들에게서 시간을 빼앗으면 안 됩니다. 대화를 길게 끌면 짜증이 난 상대방이 대충 대답해버립니다. 상대방에게 좋지 않은 인상을 남겨 업무에 나쁜 영향을 미칩니다.

시간에 민감한 사람일수록 일처리가 빠릅니다. 즉 시간을 소중히 여기는 사람이 일처리가 빠른 사람입니다. 당신이 일처리가 빠른 사람이나 목표를 달성하는 사람과 친구가 되고 싶다면 그들의 룰을 지켜주어야 합니다. 상대방에게 피해를 입히면 친구가 될 수 없습니다. 대화시간을 절약하려면 말하는 내용의 순서를 바꾸면 됩니다.

직장인들이 가장 바쁜 시간대는 낮입니다. 모두가 바쁜 상황에서 결론부터 먼저 말하는 것은 일처리가 빠른 사람들이 반드시 지켜야 하는 룰입니다.

전력
투구

 일처리가 느린 사람은 일에 쫓기거나 휘둘립니다. 시간에 쫓겨 실수를 하거나 마감시간에 맞추지 못합니다. 그렇게 되는 이유는 명확합니다. 소극적이기 때문입니다. 소극적이면 어떤 일이든 성공할 수 없습니다.
 목표를 달성하려면 아무리 바빠도 지금 하는 일에 전력을 다해야 합니다.
 낮에는 여러 가지 일이 생기고 상사로부터 지시가 떨어집니다. 오후로 갈수록 상황이 더욱 치열해집니다. 여러 가지 일이 동시에 들어와 업무의 우선순위가 바뀝니다. 긴장을 늦출 수가 없습니다. 수동적이어서야 전쟁에서 승리할 수 있겠습니까? 공격이 최선의 방어입니다. 어떤 일이든 일단 착수하면 "경험이 없다, 지식이 없다, 인맥이 없다, 예산이 없다"라는 구실을 대지 말아야 합니다. 어떤 일이든 적극적으로 덤벼듭시다.

열심히 일했지만 실수나 실패를 하게 되면 그 원인을 파악하고 배우면 됩니다. 반성하고 두 번 다시는 같은 실수를 반복하지 않으려고 노력하면 됩니다. 마지못해 소극적으로 일하거나 일하기 싫어 손을 대지 않으면 아무것도 배울 수 없습니다. 항상 적극적인 자세로 일해야 합니다. 적극적으로 일해야 실패를 해도 장래에 큰 힘이 되는 경험·지식·인맥이 늘어납니다. 어떤 일이든 의욕을 가지고 적극적으로 도전합시다. 실패나 실수를 두려워하지 맙시다. 그리고 거기에서 실제로 체험하고 배웁시다. 직접 체험한 실수나 실패는 평생 잊히지 않습니다. 경험만큼 좋은 데이터는 없습니다. 돈 주고도 살 수 없는 소중한 재산입니다.

저는 경영자로서 정기적으로 직원을 평가합니다. 저는 무엇이든 적극적으로 도전하는 사람에게 가장 높은 점수를 줍니다. 성공·실패 여부는 관계가 없습니다. 저뿐만 아니고 모든 경영자가 그러할 것입니다. 뛰어난 경영자나 리더는 최선을 다한 실패는 오히려 좋다고 생각합니다. 실패하더라도 적극적으로 도전한 경우에는 시간이 흐르면서 그 실패가 성공의 씨앗이 된다고 경험을 통해 알고 있기 때문입니다.

낮은 가장 바쁜 시간대입니다. 바쁘기 때문에 자신도 모르게 일에 쫓겨 수동적이게 됩니다. 소극적으로 되기 십상입니다. 정신을 차리고 굳은 의지를 가지려고 의도적으로 노력하지 않으면 적극적인 사람이 될 수 없습니다.

아무리 노력해도 적극적인 사람이 되지 못한다면 사고방식을 고쳐야 합니다. '어떻게 해야 고마운 존재가 될 것인가, 어떻게 해야 필요한 존재가 될 것인가'를 끊임없이 생각하며 행동해야 합니다. 이렇게 생각하며 행동하면 의욕적이고 적극적으로 일해야 한다는 것을 저절로 알게 됩니다. 바쁜 낮일수록 더욱 적극적으로 일해야 한다는 것을 깨닫게 됩니다.

어떤 일이든 '할 수 없다' '불가능하다' '무리다'라고 생각해 소극적으로 되거나 포기하거나 해서는 안 됩니다. 실행해 보지도 않고 부정적인 생각을 하면 안 됩니다. 시행착오를 거치며 실수와 실패를 통해 배우고 고쳐 나갑시다. 적극적인 마인드를 견지하면 일처리가 점점 빨라져 성공을 향한 토대가 마련됩니다.

성심
성의

  목표를 달성하는 사람이 되려면 무엇이든 성심성의껏 해야 합니다. 바빠서 소홀해지기 쉬운 낮에는 특히 성의 있게 응해야 합니다. 사람은 시간적·정신적 여유가 있으면 어떤 일이든 성의 있게 응합니다. 그러나 바쁜 낮 시간에 한번 일에 몰두하면 그 일로 머리가 꽉 차 시간적·정신적 여유가 사라집니다. 다른 사람의 요청에 성의껏 응대하기가 힘들어집니다. 바쁠 때에는 자신의 일과 직접 관련 없는 것에 성심성의껏 응대하기가 무척 힘듭니다.
  목표를 빨리 달성하는 사람이 되려면 자신에게 직접 이익이 되지 않는 일도 흔쾌히 해야 합니다. 그렇게 해야 인간적으로 성숙하고 마음 씀씀이가 넉넉해져 그릇이 커집니다. 목표달성으로 연결됩니다. 일처리가 빨라져 남들보다 목표를 빨리 달성해 성공하는 것도 중요합니다. 그러나 그것만으로는 진정한 의미의 성공이라고 할 수 없습니다. 인간적으로 성숙하지 못하면 일시적으로 목표를 달성해도 오래 유지하지 못합니다.

진정으로 목표달성을 이루려면 일의 성취와 함께 인간적으로 성장해야 합니다. 인간적 성장을 위한 노력은 나이와 상관없습니다. 죽을 때까지 인간적인 성장을 이루려고 노력해야 합니다.

오후에 바쁘게 전투상태로 일을 하더라도 주변사람이 상담을 요청하거나 도움을 청하면 무시하거나 냉담하게 굴지 말고 도와주려는 자세를 보입시다. 짧은 시간이라도 귀 기울여 듣고 성의껏 대답합시다. 그런 다음 "지금은 조금 바쁘다. 지금 하는 일이 끝나면 다시 이야기하자"라고 자신의 상황을 설명합니다. 하던 일을 일단락 지으면 시간을 가지고 상대방의 이야기를 들으며 도와줄 것을 약속합시다. 상담을 요청했던 사람은 매우 기뻐하며 감사해할 것입니다. 일이 바쁜 낮 시간임에도 진지하게 즉각 응하는 당신의 성의 있는 태도에 감동할 것입니다. 사람을 소중히 여기는 당신의 배려에 주변사람들은 당신의 팬이 될 것입니다.

  나이·성별·직위·입장을 따지지 말고 어떤 일이든 성심성의껏 응대합시다. 사람을 차별하면 안 됩니다. 성심성의껏 인간관계를 하면 목표달성에 큰 도움이 됩니다. 당신을 마음속으로 응원하는 팬이 늘어나기 때문입니다. 목표달성을 위해서는 강력한 원군이 필요합니다. 당신이 어려움에 처하면 그들이 나서서 즉시 도와줄 것입니다.

정신없는
낮 시간에
메모장은
필수

성공한 사람들은 "메모에 미친 것이 성공의 비결"이라고 입을 모아 말합니다. 제가 아는 성공한 경영자나 각계의 리더는 모두 메모광입니다. 일처리가 빠른 사람일수록 병적으로 메모합니다. 언제 어디서든 메모합니다.

바쁠 때일수록 메모하는 습관이 필요합니다. 오후가 되면 일이 밀려들어 옵니다. 일이 많아 바빠지면서 메모를 하지 않으면 기억할 수 없을 정도로 많은 정보가 들어옵니다. 인간의 기억은 제멋대로입니다. 절대로 잊으면 안 된다고 마음먹지만 바로 잊어버립니다. 좋은 아이디어나 제안일수록 순식간에 기억에서 사라집니다. 바쁠 때에는 새로운 정보가 쉴 틈 없이 밀려들어와 눈이 돌아갈 지경이 됩니다. 정신이 없어 잊는 속도가 빨라집니다.

일처리가 빠른 사람이 되려면 메모장이나 수첩을 항상 가지고 다녀야 합니다. 이것은 일 잘하는 사람의 기본입니다. 좋은 아이디어가 생각나면 빨리 적어야 하기 때문입니다.

저는 매월 한 권 이상 책을 내려고 합니다. 그러나 본업인 회사 경영과 경영컨설팅으로 바빠서 차분하게 글을 쓸 시간이 없습니다. 그래서 저는 자투리 시간에 틈틈이 글을 씁니다. 이동 중이나 기다리는 시간에 조금씩 원고를 씁니다. 책을 쓰면 각 장의 주제를 선정하는 일에 가장 많은 시간이 소요됩니다. 사무실이나 집에서 각 장의 주제를 생각하거나 책의 구성을 짜는 것보다 자투리 시간을 활용하면 효과적입니다. 사무실이나 집에서 작업할 때와는 비교할 수 없을 정도의 신선하고 참신한 아이디어가 나옵니다.

오전에서 오후에 걸친 바쁜 시간대에 참신한 아이디어가 생각난 경험이 많습니다. 바빠서 머리가 팽팽 돌아가는 시간대라 그런지도 모르겠습니다. 또한 좋은 아이디어는 이동 중이나 대기하는 시간에 갑자기 뇌리를 스치고 지나갑니다. 그럴 때는 즉시 메모합시다. 한번 잊으면 언제 다시 생각날지 모르기 때문입니다. 영원히 생각나지 않을지도 모릅니다. 이상하게도 두 번 다시 생각나지 않는 경우가 많아 두고두고 아깝다는 생각이 듭니다.

　다른 사람의 이야기를 들을 때는 반드시 메모합시다. 메모하면서 상대방 이야기의 포인트를 잡으려 노력합시다. 열심히 듣고 이해하려는 자세를 가집시다. 말하는 사람도 메모해가며 열심히 듣는 모습을 보면 더욱 열심히 설명합니다. 말하는 사람과 듣는 사람의 진지한 커뮤니케이션은 전쟁같이 바쁜 낮에 서로 집중하게 만드는 효과가 있습니다.

제 7 장

잠시 호흡을
가다듬고

차이를 만드는 법

일일업무보고서가 없다면, 하루 일을 안 한 것이다
오늘의 일을 완결하지 않았다면, 내일도 오늘이다
내일 아침회의 준비를 안 하고 퇴근했을 때,
벌어질 수 있는 두세 가지 것들
정리정돈은 하루 일의 마지막 순서

내 인생에서 가장 행복한 날은 언제인가.
바로 오늘이다.
내 삶에서 절정의 날은 언제인가.
바로 오늘이다.
내 생애에서 가장 귀중한 날은 언제인가.
바로 오늘, 지금 여기다.
어제는 지나간 오늘이오, 내일은 다가오는 오늘이다.
그러므로 '오늘' 하루하루를
이 삶의 전부로 느끼며 살아야 한다.

벽암록.

일일업무보고서가 없다면, 하루 일을 안 한 것이다

제가 일했던 회사에서는 당연한 업무 룰이지만 다른 회사에서는 잘 지키지 않는 룰이 있습니다. 그것은 업무보고서의 제출입니다. 일일업무보고서를 소홀히 생각해 늦게 제출하는 것을 아무렇지 않게 생각하는 사람이 많습니다. 심한 경우에는 2개월 동안 일일업무보고서를 내지 않는 사람도 있습니다. 엄격한 회사라면 즉각 퇴출입니다. 제가 전에 근무했던 회사는 3일 이상 일일업무보고서를 제출하지 않으면 경고입니다. 사안에 따라서는 감봉입니다. 그것을 다시 반복하면 해고입니다. 이렇게 엄격한 곳이 있는가 하면 일일업무보고서를 1주일이나 늦게 제출해도 아무렇지 않게 생각하는 회사도 있습니다. 업무보고가 허술한 회사는 발전하지 못합니다.

저는 직장생활을 10년간 했습니다. 그동안 출장 기간을 제외하고 단 한 번도 일일업무보고서를 늦게 제출한 적이 없습니다. 제가 일한 회사에서는 일일업무보고서 제출이 지극히 당연했습니다. 제가 재직하는 동안 일일업무보고서를 늦게 제출하는 사람은 한 명도 없었습니다. 매우 엄격한 회사였습니다.

"일일업무보고서를 제때에 제출할 수 없는 사람, 일 하고 싶은 마음이 없는 사람은 언제든지 그만 두어도 좋아!"라고 말하는 것이 직장상사들의 입버릇이었습니다. 엄격한 상사 아래서 일을 배운 저는 일일업무보고서를 늦게 제출하는 사람의 마음을 이해하지 못합니다. 일의 기본을 지키지 못하는 직원은 목표달성은커녕 업무수행 자체를 못하는 사람입니다. 제 주변에도 일일업무보고서를 늦게 내는 사람이 있습니다. 무엇 때문에 일일업무보고서를 작성하는지조차도 모릅니다. 일처리가 느리고 무능력합니다. 열심히 일하겠다는 의욕 자체가 없습니다. 한 가지를 보면 전부를 알 수 있습니다. 업무의 기본 룰을 지키지 않는 사람은 일처리가 빠를 수 없어 큰일을 이루지 못합니다. 목표달성은 터무니없는 일이 됩니다.

우리 회사에서는 일일업무보고서를 작성해서 제출해야 합

니다. 일일업무보고는 의무입니다. 일일업무보고서는 단순히 그날의 업무보고를 위해 작성하는 것이 아닙니다. 목표달성 관점에서 반성과 개혁을 생각하며 작성해야 합니다. 일일업무보고서 작성은 사원 개개인의 목표를 확인하는 작업입니다.

일 잘하는 사람에게 일일업무보고서는 하루를 돌아보는 '일의 일기장'입니다. 자신의 발전을 위해 자발적으로 작성합니다. 뛰어난 운동선수는 경기가 끝나면 경기내용을 다시 보며 문제점을 체크합니다. 프로바둑기사도 대국이 끝나면 복기를 하며 패착을 분석합니다. 이와 마찬가지로 일일업무보고서를 쓰면서 하루를 반성합시다. 문제점을 파악하고 겸허하게 인정합시다. 같은 잘못을 저지르지 않으려면 어떻게 해야 하는지를 연구해야 합니다. 고쳐야 할 것과 해결방법을 생각하며 작성합시다. 해결방법이 생각나지 않는 경우도 있습니다. 그럴 때는 그대로 기록합시다.

매일 업무보고서를 작성하며 자신의 일처리 방식을 돌아보는 것 자체가 중요합니다. 업무보고서나 업무일지의 작성이 당신의 의식에 확실히 자리 잡아야 합니다. 업무보고서를 쓰면 매사에 문제의식이 생깁니다. 문제의식이 있는 사람과 그렇지 못한 사람은 업무능력에서 큰 차이가 납니다. 인간적인 면에서는 더 차이가 납니다. 결국 모든 면의 발전 속도에 차이가 생깁니다.

신입사원 때에는 모두 같은 출발선에서 시작합니다. 매일 빠뜨리지 않고 일일업무보고서를 작성하는 사람과 그렇지 않은 사람의 차이는 시간이 갈수록 벌어집니다. 1년만 지나면 업무능력과 인간적 성숙도의 차이가 확연해집니다. 생각하는 깊이가 달라집니다. 한 단계 위의 차원에서 생각하며 일을 하게 됩니다. 일처리가 빨라지고 완성도 있는 일을 할 수 있게 됩니다. 똑같이 하루 일을 끝내지만 하루업무를 반성하고 내일 일을 의식하며 다음 날 업무에 임하는 사람과 그렇지 않은 사람의 차이는 당연히 생깁니다.

업무보고서나 업무일지를 작성하며 반성하는 사람은 발전합니다. 매일 한 계단씩 성공을 향해 착실히 올라가는 사람이 됩니다. 업무보고서나 업무일지를 소홀히 여기는 사람은 반성하지 않습니다. 성공으로 가는 계단이 눈앞에 있는데 올라가지 않는 것과 같습니다. 1년 동안 240일 일한다고 합시다. 1년이 지나면 두 사람의 위치는 240계단 차이가 납니다. 누가 더 목표에 가까워져 있는지는 말 안 해도 알 것입니다.

오늘의 일을
완결하지 않았다면,
내일도
오늘이다

　이른 아침부터 바빴던 직장에서의 하루가 끝나려 합니다. 아무리 일 잘하는 사람이라도 퇴근시간 직전에 빠뜨리고 안 한 일이 갑자기 생각납니다. 아침 출근 직후에 해야 할 일을 리스트로 만들어 하루 종일 그 리스트를 살피며 일했음에도 빠뜨린 일이 있습니다. 격동의 하루였다면 당연할지도 모릅니다. 퇴근하기 전에 빠뜨린 일이 없는지 철저히 확인해야 합니다.

　오늘 해야 할 일이 남았지만 그대로 퇴근하는 사람과 처리할 때까지 퇴근하지 않는 사람이 있습니다. 매주 월요일부터 금요일까지 일하다면 한 달에 약 20일 일하는 셈입니다. 일

년으로 계산하면 약 240일입니다. 그렇다면 남은 일이 있느냐 없느냐를 확실히 확인하고 일이 남았으면 마무리를 하고 퇴근하는 사람과 그렇지 않은 사람은 240번의 차이가 생깁니다. 물론 매일 일이 남지는 않지만 극단적인 예를 들면 그렇다는 말입니다. 티끌 모아 태산입니다. 그것이 매일 계속되면 결국 큰 차이가 납니다.

그날 처리하지 않으면 다음 날 직원들이 곤란해질 수 있는 긴급한 일이나 중요한 일도 있습니다. 반드시 처리해야 하는 일을 팽개치고 퇴근해 거래업체에 피해를 주는 경우도 발생합니다.

목표를 달성하려면 '소사(小事)가 대사(大事)'라는 말을 명심해야 합니다. 작은 일도 가벼이 여기지 말고 확실히 처리합시다. 그것이 쌓이면 일처리 능력이 올라갑니다. 자연스럽게 주위의 평가가 좋아집니다.

저는 회사원으로 10년, 창업하고 16년 동안 매일 퇴근하기 전에 빠뜨린 일이 없는지 체크했습니다. 만약 빠뜨린 일이 있으면 반드시 끝내고 퇴근했습니다. 끝낼 때까지 절대로 돌아가지 않았습니다. 경우에 따라서는 다음 날 아침까지 일한 적도 있습니다. 의도하지 않았지만 철야한 셈이 된 경우가 많았습니다. 남보다 그다지 뛰어나지 못한 제가 어느 정도 성공할 수 있었던 이유는 '대충 일하고 싶지 않다'라는 정신 덕분이었습니다. 국제경영컨설턴트라는 프라이드와 프로정신 때문이었다고 생각합니다. 저는 같이 일하는 사람과 내가 속한 조직에 폐를 끼쳐서는 안 된다는 책임감이 강했습니다.

이전에 근무했던 국제회계·경영컨설팅 회사에서는 하루의 업무를 완결 짓고 퇴근하는 것이 당연했습니다. 직원 전원이 철저히 지켰습니다. 이것이 돈을 받고 일하는 프로페셔널의 기본자세입니다. 하루의 일을 마무리 짓고 퇴근하는 습관이 몸에 배면 일처리 속도가 점점 빨라지는 것을 알 수 있습니다. 나중에는 잔업 하는 일이 없어집니다.

오늘부터라도 당장 모든 일을 마무리하고 퇴근합시다. 프로정신과 책임감은 모든 업무에 바람직한 영향을 줍니다. 그러한 정신으로 일을 지속하면 목표에 성큼 다가가 있는 자신을 발견할 수 있을 것입니다.

내일 아침회의 준비를
안 하고 퇴근했을 때,
벌어질 수 있는
두세 가지 것들

퇴근하기 전에 그날 처리하지 못한 일을 확인하고 완결 짓는 것은 중요하지만 내일 해야 할 일을 확인하고 준비하는 것도 그에 못지않게 중요합니다. 내일 일을 미리 준비하면 일처리가 빨라져 좋은 성과를 낼 수 있습니다. 다음 날의 일을 미리 준비하지 않고 출근해 업무를 시작하면 허둥대기 쉽습니다. 그러나 사전에 일 순서를 정하고 준비를 하면 일처리가 효율적이 됩니다.

고객·거래처·직상상사 등 중요한 사람들과 작업을 할 때는 미리 연락해 업무 내용을 충분히 설명합시다. 미리 설명하지 않으면 이해시키는 시간이 길어집니다. 시간낭비가 심해집니다. 상대방도 자신 이상으로 바쁜 사람이라고 생각하고 준비합시다. 상대가 윗사람일수록 미리 확인하고 충분히 준비하지 않으면 성의가 없다고 생각합니다. 감점요인이 됩니다. 단 한 번의 준비 태만이 지금까지 쌓아온 노력을 물거품으로 만들 수도 있습니다. 주의합시다. 퇴근시간이 가까워오면 내일 해야 할 일을 확인하고 필요하다면 미리 준비해둡시다. 시간이 걸려도 반드시 미리 준비합시다. 그래야 일처리가 완벽해져 "일 잘한다"는 말을 들을 수 있습니다.

회사는 일 때문에 당신을 고용합니다. 직위가 올라가도 '일은 전투다' '직장은 전장이다'라는 말을 잊어서는 안 됩니다. 일도 전투와 마찬가지입니다. 목숨을 걸어야 합니다. 최선을 다해야 겨우 살아남습니다. 이 사실을 잊는 순간 당신은 도태되기 시작합니다.

중요한 회의나 조회는 보통 아침에 합니다. 일처리가 느린 사람은 매사에 나태합니다. 다음 날 아침회의에 필요한 자료나 서류를 '내일 아침에 일찍 출근해 준비하면 돼'라고 생각합니다. 내일 회의에 아무런 준비도 하지 않고 퇴근합니다.

이제 한 번 생각해 봅시다. 일찍 출근하면 회의시간 전에 자료준비를 다 할 수 있을까요? 충실한 내용의 자료를 만들 수 있을까요? 아침에 출근했는데 컴퓨터나 복사기의 상태가 안 좋아서 사용할 수 없다면 어떻게 해야 하나요? 실제로 자료를 만들어 보니 예상보다 더 시간이 걸리거나 자료작성에 필요한 정보를 입수하는 데 시간이 걸리면 어떻게 하나요?

이런 사태가 벌어지면 회의시간 전까지 자료준비를 할 수 없습니다. 그렇게 되면 일찍 출근한 의미가 없어집니다. 회의시간에 임박해서 겨우 자료를 준비해도 자료의 내용을 확인할 시간이 없습니다. 황급히 준비한 자료는 부실하기 마련입니다. 결국 낭패를 봅니다. 오탈자가 수두룩하거나, 중요한 내용이 빠지거나, 앞뒤가 맞지 않는 비극이 일어납니다. 중요한 전체회의에서 이런 상황이 벌어지면 돌이킬 수 없는 치명상을 입게 됩니다. 실제로 가끔 이런 상황이 벌어집니다. 저도 몇 번 보았습니다.

회의에 참석한 모두가 이렇게 생각할 것입니다. '왜 미리 준비하지 않았을까? 저 직원은 준비성이 부족하군. 능력이 없어. 이게 무슨 창피야.' 모든 직원이 회의에 사용할 자료정도도 제대로 만들지 못하는 무능력한 사람, 미리 준비하지 않는 무책임한 사람이라고 생각합니다. 결국 인사고과에 악영향을 미칩니다.

인간의 성격과 습성은 좀처럼 바꾸기 힘듭니다. 자료준비를 제대로 못해 질타를 받은 직원은 후회하고 반성합니다. 그러나 '다음 날 해야 할 일을 전날 확인하고 준비하겠다'라고 대오각성하지 않으면 그때의 결심에 그쳐버리고 맙니다. 같은 실수를 계속 반복합니다.

퇴근할 때 내일 해야 할 일의 확인과 준비에 태만하면 점점 신뢰를 잃습니다. 업무평가도 크게 낮아집니다. 회사 동료들도 겉으로는 표시하지 않지만 속으로는 무시하고 경멸합니다. 일 센스가 없는 사람은 그것조차 눈치 채지 못하고 고칠 생각을 하지 않습니다. 결국에는 무능력하고 태만한 사람이라는 낙인이 찍혀 왕따를 당합니다. 퇴출은 시간문제가 됩니다. 회의 준비만이 아닙니다. 약속과 스케줄의 확인과 준비도 전날 미리 해야 합니다. 그렇게 준비하지 않으면 허둥대게 됩니다.

일처리가 빠른 사람, 일 잘하는 사람은 다른 사람보다 앞서 생각합니다. 사전에 조치하고 준비합니다. 그래서 다른 사람보다 많은 성과를 냅니다. 결국 목표를 조기 달성합니다. 성공의 열쇠는 사전 준비입니다. 성공한 사람들은 그것을 잘 인지하고 있습니다. 내일 해야 할 일은 늦어도 전날 저녁까지 준비하고 확인합시다.

정리정돈은
하루 일의
마지막
순서

저는 100퍼센트 자신 있게 말할 수 있는 것이 몇 개 되지 않지만 25년간의 업무경험에서 자신 있게 말할 수 있는 것이 한 가지 있습니다. 정리정돈을 소홀히 하는 사람은 틀림없이 일을 못한다는 것입니다.

　화가나 작가 등 예술가처럼 하루하루 완결하는 일을 하지 않는 직종의 사람을 제외하고 정리정돈을 제대로 하지 않는 사람은 예외 없이 일처리가 느리고 업무내용이 부실합니다. 지금까지 많은 사람을 보았지만 거의 틀린 적이 없습니다. 당신의 주변사람 중 정리정돈하지 않는 사람을 보면 잘 알 수 있을 것입니다. 제가 말한 대로 거의 100퍼센트일 것입니다.

저는 정리정돈 여부를 업무능력 판단의 기준으로 삼습니다. 저는 가끔 직원들이 퇴근한 뒤 그들의 책상과 주변을 멀리서 훑어봅니다. 일을 못하는 직원은 주변을 정리정돈하지 않습니다. 옆자리의 동료가 주의를 주어도 흘려듣습니다. 주위의 직원에게 폐를 끼치는데도 정리하지 않는 습관을 버리지 못합니다.

왜 정리정돈을 하지 않는 사람은 일처리가 느릴까요? 반대로 왜 정리정돈을 잘하는 사람은 일처리가 빠를까요? 자신의 주변을 정리정돈하지 않는다는 것은 자료·서류·명함 등도 잘 정리하지 않는다는 것입니다. 작성하거나 받기만 하고 방치해두었다는 말입니다. 정리정돈을 하지 않으면 서류나 자료를 찾는 데 시간이 걸립니다. 중요한 서류일수록 반드시 찾아야 하고 찾지 못하면 일을 할 수가 없습니다. 집중해서 빨리 일처리를 하려 해도 자료가 없으니 어쩔 수 없습니다.

서류나 자료만이 아니고 명함, 수첩 등을 찾을 때도 같은 행동을 반복합니다. 시간낭비가 이만저만이 아닙니다. 허둥대며 찾으면 다른 자료나 서류의 순서도 엉망이 됩니다. 다음에 다른 자료나 서류가 필요할 때가 되면 또 찾아 헤맵니다. 정리정돈하지 않는 사람은 이런 짓을 되풀이합니다. 일하는 시간보다 자료나 서류 찾는 시간이 더 걸립니다. 이런 사람은 차분하게 집중적으로 일할 수 없습니다. 일처리가 느려지는 것은 당연지사입니다.

　일처리를 빨리 하려면 일의 가장 기본인 정리정돈을 철저히 해야 합니다. 제가 직원으로 근무할 때 저의 직장상사는 정리정돈에 매우 엄격했습니다. 정리정돈을 중시하는 직장상사 덕분에 정리정돈을 하는 습관이 들었습니다. 그래서 언제 어디서도 정리정돈에 신경을 쓰게 되었습니다. 학창시절보다 더욱 깔끔하게 정리정돈하게 되었습니다. 항상 정리정돈을 깔끔하게 한 뒤 퇴근했습니다.

　자동차 정비공장을 가면 공구가 가지런히 정렬되어 있습니다. 눈을 감고서도 찾을 수 있게 정돈되어 있습니다. 일의 효율이 오르는 것이 당연하지요.

　저는 다른 사람보다 일처리 능력이 크게 뛰어나다고는 생각하지 않습니다. 그러나 제가 "일처리가 빠르다"는 말을 듣는 이유는 단연코 정리정돈 덕분이라고 생각합니다. 저는 직원들에게 "아무리 머리가 좋고, 성적이 뛰어나도 주변을 정리정돈하지 않는 사람은 일을 잘하지 못한다고 생각합니다. 저는 그런 사람을 신뢰하지 않습니다. 만약 당신이 정리정돈을 잘하지 않는다면 그런 나쁜 습관을 당장 버려야 합니다. 만약 당신이 그런 습관을 버리지 않는다면 사표를 써야 합니다. 우리 회사에서는 그런 사람이 필요 없습니다. 우리 회사에서 일할 자격이 없습니다"라고 강조합니다.

국제회계·경영컨설팅회사 뉴욕 본사에 입사한 첫날이었습니다. 갑자기 직장상사가 저를 호출했습니다. 그의 방은 "대단해!"라고 감탄할 정도로 깨끗하게 잘 정리정돈되어 있었습니다. 큰 프로젝트를 치르며 난리를 친 직후였지만 변함없이 잘 정리정돈되어 있었습니다. 그는 "마음의 흐트러짐은 복장의 흐트러짐이고, 복장의 흐트러짐은 주변의 흐트러짐이다. 일을 잘하려면 주변 정리를 잘해야 한다"라고 말했습니다.

저는 이렇게 엄격한 상사 덕분에 자료와 서류 정리를 확실히 할 수 있게 되었습니다. 정리정돈이 잘되어 있기 때문에 갑자기 고객에게 전화가 와서 업무에 대한 질문을 해도 관련 자료나 서류를 바로 찾을 수 있습니다. 정리정돈을 잘하면 어떤 질문에도 즉시 답변이 가능합니다.

지금도 저는 그 직장상사에게 감사하고 있습니다. 그 직장상사 덕분에 정리정돈이 습관화되어 돌발 상황이 발생해도 신속하게 대처할 수 있게 되었기 때문입니다. 일처리가 빠르고 업무 능력이 뛰어난 사람은 정리정돈이 칼 같습니다. 만약 당신이 정리정돈을 등한시한다면 지금 당장 고쳐야 합니다.

정리정돈같이 기본적인 것도 철저히 하지 못하는 사람은 어떤 일도 잘할 수 없습니다. 목표를 달성하는 사람이 되고 싶으면 성격을 핑계대지 말고 정리정돈을 합시다. 정리정돈을 하지 않는 사람은 직종을 불문하고 환영받지 못합니다.

아무리 바꾸기 어려운 습관도 바꾸겠다고 굳게 결심하고 최선을 다해 노력하면 극복할 수 있습니다. 정리정돈을 잘하려면 일처리가 빠른 사람의 정리방법을 배우는 게 좋습니다. 요즘은 정리정돈이 대세입니다. 정리 전문가의 책도 많습니다. 여러 방법 중에 자신에게 맞는 방법을 찾아 몸에 익히면 될 것입니다. 사용빈도, 중요도를 생각하며 정리정돈하고 시행착오를 겪으며 궁리하면 자신에게 가장 편한 정리정돈 방법이 만들어집니다.

제 8 장

넥타이를 풀고, '또 다른 나'를 만드는 시간

실력을 쌓는 저녁 시간 활용법

저녁 술자리는 진심과 배움이 교차하는 강의실이다
인맥은 실력이다
공부 없이 성공은 없다
동향과 정보 수집
성장의 지름길, 인성독서

아침 일찍 일어나 밤늦게 잠자리에 들며,
그 사이에 자신이 원하는 일을 한다면
성공한 사람이 될 수 있다.

발 딜런

저녁 술자리는 진심과 배움이 교차하는 강의실이다

직장은 전쟁터입니다. 비즈니스는 먹느냐 먹히느냐의 싸움입니다. 그래서 대충 일해서는 안 됩니다. 일처리가 빠른 사람에게는 일이 집중됩니다. 스스로 알아서 일을 만들기 때문에 더욱 일이 많아져 점점 바빠집니다. 일을 못하는 사람에게는 일을 맡기려들지 않습니다. 점점 시간이 많아집니다. 일처리가 빠른 사람은 나태한 사람을 싫어합니다. 일처리가 빠른 사람과 나태하게 일하는 사람은 일하는 속도와 리듬이 다릅니다. 서로 페이스가 맞지 않습니다. 일처리가 빠른 사람이 바쁘면 바쁠수록 더욱 맞지 않습니다. 그래서 일처리가 빠른 사람은 나태하게 일하는 사람을 상대하려고 하지 않습니다.

일처리를 잘하고 능력 있는 직장상사나 선배와 친해지려면 당신도 열심히 일해야 합니다.

일 잘하는 상사나 선배는 당신과 비교할 수 없을 정도로 바쁩니다. 그들은 당신보다 책임져야 할 일이 많고 해결하기 힘든 일을 주로 합니다. 일이 산더미처럼 많습니다. 그래서 업무 중에는 진지하게 대화할 시간이 없습니다.

무슨 수를 써서라도 일 잘하는 직장상사나 선배에게 배워야 합니다. 업무의 멘토나 코치가 될 수 있는 상사나 선배에게 배울 수 있는 기회를 적극적으로 만들어야 합니다. 당신이 먼저 적극적으로 나서 대화하는 기회를 만들려고 노력해야 합니다. 상사나 선배의 대화 제안을 기다리지 말고 당신이 먼저 대화하는 자리를 만들어야 합니다. 커뮤니케이션하는 자리를 마련하려고 노력합시다. 배우려는 자세를 가진 부하직원이 먼저 직장상사나 선배에게 개인적인 만남을 제안하면 그들은 기뻐합니다. 좋은 후배를 육성하는 일은 그들의 의무이자 보람이기 때문입니다.

일처리가 빠른 사람, 일 잘하는 사람이 되어 목표달성을 조기에 실현하는 방법은 몇 가지가 있습니다. 그중 하나가 직장상사나 선배에게 배우는 것입니다. 직장상사나 선배와 개인적인 대화 자리를 마련하면 성공담이나 실패담을 들을 기회가 생깁니다. 그들과의 대화를 통해 간접경험을 할 수 있게 됩니다. 궁금한 점을 물어보고 해답을 얻을 수 있습니다. 직장상사나 선배와의 대화는 큰 공부가 됩니다. 회사와 업계의 상황을 들을 수 있고 어떻게 해야 일을 잘할 수 있는지 알 수 있습니다. 목표를 이루는 방법이 명확해집니다.

직장상사나 선배의 진심을 들을 수 있는 가장 좋은 방법은 술자리를 만드는 것입니다. 당신이 술을 마시지 못해도 좋습니다. 직장상사나 선배가 정신적·시간적으로 편안할 수 있는 분위기를 만들면 됩니다. 기분 좋게 본심을 이야기할 수 있게 만듭시다. 당신과 같이 일하는 직장상사나 선배는 나무토막이 아닙니다. 엄하고 완벽해 보이는 직장상사나 선배도 감정이 있는 인간입니다. 차가워 보이지만 속마음은 따뜻합니다. 그래서 먼저 직장상사나 선배에게 다가가 친해지려는 노력을 하면 그들의 마음을 열 수 있습니다. 직장상사나 선배도 호불호에 따라 행동하는 인간이라는 것을 잊지 마십시오.

직장상사나 선배도 당신에게 말하고 싶은 것이 있습니다. 어렵다고, 불편하다고, 무섭다고, 거북하다고 그들을 멀리하면 안 됩니다. 대부분의 부하직원은 직장상사와 함께 있는 자리를 불편해 합니다. 그 자리가 빨리 끝났으면 합니다. 그런 소극적인 생각을 버려야 합니다. 직장상사를 어려워하지 맙시다. 바쁜 직장상사와 대화하고 배울 수 있는 좋은 기회라고 생각하여 적극적으로 질문합시다. 직장상사나 선배는 당신의 질문을 기다리고 있습니다. 만약 그들에게 묻고 싶은 것이 없다면 자신의 일을 진지하게 생각하고 있지 않다는 증거입니다. 일이라는 것은 열심히 하면 할수록 모르는 것이 나오기 때문입니다. 마음을 열고 진심어린 대화를 하면 인간관계가 깊어집니다. 직장상사, 선배, 동료, 부하직원, 후배 등 누구와도 커뮤니케이션을 합시다. 자신을 위해, 조직을 위해 커뮤니케이션을 합시다.

직장상사나 선배와의 술자리를 만들고 대화하는 것은 일종의 선행투자입니다. 일과 인생에 대한 수업을 듣는 것과 마찬가지입니다. 저도 술자리를 일과 인생을 배우는 강의실이라고 생각해 중시합니다. 당신도 언젠가 상사가 되고 선배가 됩니다. 당신도 부하직원이나 후배와 인간관계·신뢰관계를 쌓아야 합니다. 부하직원을 진심으로 아끼며 단결된 조직을 만들어야 합니다.

저는 미국에서 직장생활과 공부를 병행했습니다. 회사를 다니며 텍사스주립대학교 MBA과정을 마쳤습니다. 그 비즈니스스쿨에서 7년간 재무·회계 관련 강의도 했습니다. 비즈니스스쿨의 수업은 제가 일하는 데 큰 도움이 되었습니다. 그러나 실제로 적용할 수 있는 업무를 배운 곳은 직장이었습니다. 업무내용을 파악하여 성장의 밑거름이 된 것은 직장상사나 선배와 함께한 술자리의 대화였습니다.

미국도 마찬가지입니다. 낮에는 바빠서 정신이 없습니다. 서로 대화할 시간이 없습니다. 그러나 일과를 마치고 같이한 술자리에서는 직위에 관계없이 대화했습니다. 저는 어려운 업무내용이나 업무방법, 업계시스템 등의 질문을 쏟아내었습니다. 상사가 이야기를 하면 귀 기울여 듣고 이해할 때까지 질문했습니다. 직장에서는 들을 수 없는 보석 같은 정보가 넘쳐났습니다.

대화를 하면 상대방의 마음을 알게 됩니다. 직장상사가 자신에게 부당한 대우를 했을 때, 직장상사의 사사로운 감정 때문에 형편없는 취급을 받았다고 생각하는 경향이 있습니다. 그러나 직장상사와 진실한 대화를 하면 다른 이유가 있었다는 것을 알게 됩니다. 마음을 열고 대화하는 자리가 없었다면 평생 원망하며 지낼지도 모릅니다. 진심으로 대화하는 자리는 이렇게 다행스런 자리입니다.

회사를 떠나 개인적인 자리에서 나눈 대화는 매우 소중합니다. 일 잘하고 능력 있는 직장상사나 선배에게 업무노하우를 전수받는 수업과 같습니다. 어색하고 불편하다고 피하면 안 됩니다. 자신의 인생에 큰 마이너스가 됩니다. 특히 술자리는 직장상사나 선배와 친해질 수 있는 절호의 기회입니다.

인맥은 실력이다

인맥이 넓은 것도 실력입니다. 일 잘하는 사람은 인맥이 얼마나 중요한지 알고 있습니다. 그래서 인맥을 넓히려는 노력을 게을리 하지 않습니다.

저는 독립하기 전에 일하던 회사에서 고속승진했습니다. 일을 열심히 한 덕분이기도 하지만 다른 두 가지 이유가 있었습니다. 하나는 힘 있는 직장상사 아래서 일을 했다는 것이고 다른 하나는 저의 인맥이었습니다. 저는 힘 있는 직장상사 아래서 열심히 일했습니다. 그 사람이 저를 좋게 평가해 잘 이끌어주었습니다. 제가 다른 직원보다 빨리 승진한 것은 힘 있는 직장상사가 이끌어주었기 때문만은 아닙니다. 저의 남다른 인맥이 큰 도움이 되었습니다. 대부분의 사람은 저의 인맥을 알면 매우 놀랍니다. 제가 생각해도 대견하다는 생각이 들 정도로 자부심이 있습니다. 저는 높은 목표를 세웠습니다. 목표를 달성하는 가장 빠른 방법은 인맥을 넓히는 일이라고 생각했습니다. 저는 대인관계가 좋은 편입니다. 처음 만난 사람과도 금방 친해질 수 있습니다. 이것은 저의 큰 장점입니다.

낯을 가리는 사람은 처음 만난 사람을 어색해합니다. 먼저 다가가기 어려워합니다. 그러나 마음을 열고 먼저 다가가면 금방 친해질 수 있다는 것을 알게 될 것입니다. 자신을 믿고 적극적으로 나서면 친해지는 것이 어렵지 않습니다.

저는 단기간에 인맥을 넓힐 수 있는 방법을 찾아냈습니다. 궁리 끝에 강연회나 교류회에 참석해 인맥을 구축하기로 마음먹었습니다. 가능하면 저명한 사람이 주최하는 강연회나 교류회에 참석했습니다. 저명한 사람이 주최하는 강연회나 교류회를 고른 것은 저 나름의 이유가 있습니다. 저명한 사람의 인맥은 대단합니다. 한 명의 저명인사와 친해지면 다른 저명인사를 소개받을 수 있습니다. 급이 비슷한 사람들끼리 어울리기 때문입니다. 저명인사가 주최하는 강연회나 교류회에 참석하면 비슷한 레벨의 저명인사가 많습니다. 평범한 강연회나 교류회와 비교하면 상당히 높은 레벨의 사람들이 참석합니다. 사회적 영향력이 있는 사람들이 많습니다. 인맥을 넓히는 데는 이만한 것이 없습니다.

저는 하루의 업무가 끝나고 상황이 허락하면 강연회나 교류회에 참석합니다. 만나서 친해지고 싶은 사람을 미리 정합니다. 회의장에서 그 사람을 만나면 적극적으로 말을 겁니다. 참석자 중 저명인사를 발견하면 먼저 다가가 저를 소개하고 명함을 교환합니다. 그리고 반드시 다음에 만날 기회를 만듭니다. 철저히 노력하고 인간적으로 대합니다. 저는 주최자나 강연에 참석한 저명인사에게 강렬한 인상을 남겨 빨리 친해지려고 노력합니다. 그 사람과 대화를 나누다보면 자연스럽게 다른 저명인사를 소개받을 수 있습니다. 거기에서 알게 된 저명인사들에게 후일 다시 만나서 대화하고 싶다는 의지를 보입니다. 잦은 만남을 통해 친한 사이가 되고 자연히 서로 돕는 관계가 됩니다. 친해지면 그들의 친구를 소개받을 수 있습니다. 같은 방법으로 그 친구들의 친구를 또 소개받습니다. 고급인맥이 기하급수적으로 늘어납니다.

인맥을 넓히는 방법은 여러 가지가 있겠지만 저의 경험으로는 강연회나 교류회가 최고입니다. 적극적으로 참석합시다. 앞서 설명한 바와 같이 상당한 효과가 있습니다.

목표달성이라는 관점에서 강연회나 교류회에 참석

하는 일은 깊은 의미가 있습니다. 많은 사람과 만나는 기회도 되지만 '운명의 사람'과도 만날 수 있기 때문입니다. 운명의 사람을 소개받을 수도 있습니다. 여기서 말하는 운명의 사람은 자신의 인생에 큰 영향을 미쳐 자신의 운명을 바꾸는 계기를 만드는 평생 동지를 말합니다. 정확히는 '당신의 운명을 바꾸어 주는 사람'입니다.

그런 사람을 만나면 삶의 방식이나 사고방식이 바뀝니다. 새로운 꿈과 목표가 생깁니다. 그래서 저는 그런 사람을 '운명의 사람'이라 부릅니다.

저는 운명의 사람과 만난 뒤 장래희망을 국제경영컨설턴트로 정했습니다. 그 사람을 만나기 전에는 영어를 잘 못했기 때문에 영어와 관련이 없는 건축 일을 하려고 했습니다. 그러나 운명의 사람과 만난 뒤 용기를 얻어 국제경영컨설턴트에 도전하게 되었습니다. 제 약점인 영어를 극복하고 반드시 국제경영컨설턴트가 되겠다고 마음먹었습니다. 만약 그 사람과 만나지 못했다면 미국에 가지 않았을 것이고 경영대학원에서 공부한다는 엄두조차 내지 못했을 것입니다. 지금과 전혀 다른 생활을 하고 있을지도 모릅니다. 그 사람 덕분에 지루한 인생이 즐거워졌습니다. 희망이 생겼습니다. 가슴이 설레었습니다. 목표를 향해 노력하며 미래를 상상했습니다. 결국 제 꿈인 국제경영컨설턴트가 되었습니다. 지금도 국제경영컨설턴트라는 직업을 천직으로 여기며 즐겁게 일하고 있습니다.

강연회나 교류회의 위력을 실감한 저는 상황이 허락하면 다양한 강연회나 교류회에 참석해서 인맥을 넓히려고 노력합니다. 새로운 꿈이나 목표가 생길 운명의 만남이 기다리고 있을지도 모르기 때문입니다. "인생은 끝나지 않으면 승패를 모릅니다. 죽을 때까지 꿈과 목표를 가지고 도전해야 합니다. 자신과의 싸움에 이겨야 합니다. 한순간은 진 것 같아 보여도 싸움은 끝나봐야 아는 법입니다. 마지막에 승리하면 됩니다. 포기하지 맙시다." 미국 대학의 학장인 선배의 말입니다.

지금이 어떻든 일생의 목표를 세우고 그 목표를 향해 모든 것을 걸면 불가능이란 없습니다. 목표를 향해 최선을 다해 노력하는 사람을 보면 경외감을 느낍니다. 인맥의 진정한 가치와 의미를 깨닫고 진심으로 사람을 대합시다. 회사 업무가 끝나면 가치 있는 모임에 적극적으로 참석해 인맥을 넓힙시다.

공부 없이
성공은
없다

고도 성장기에는 회사나 조직을 위해 남들만큼 일하면 승진과 정년이 보장되었습니다. 회사나 조직이 상향곡선을 그리며 급성장을 계속했습니다. 매출이 빠르게 늘어났습니다. 회사나 조직이 급속도로 커졌습니다. 일이 많아져 채용을 확대했고 진급도 빨랐습니다. 인재가 모자랄 지경이었습니다. 다소 능력이 떨어져도 인재가 절대적으로 부족해 대부분의 직원이 순조롭게 진급했습니다. 좋은 시대였습니다. 대부분의 회사는 연공서열이나 종신고용이라는 경영지침에 따랐습니다. 회사, 즉 상사가 시키는 대로 일하면 별 문제 없이 직장생활을 이어 나갈 수 있었습니다. 잔업이나 휴일 출근을 하면 어느 정도의 승진을 약속받았습니다.

그러나 지금은 그때와 상황이 전혀 다릅니다. 개인적인 시간을 희생해가며 회사나 조직에 모든 것을 걸어도 미래의 보장이란 없습니다. 당신을 이끌어줄 직장상사마저도 장래가 불투명합니다. 오히려 직장상사들이 급변하는 회사 상황에 전전긍긍하고 있는 형편입니다. 자포자기에 가까운 절망적인 분위기에 빠진 직장상사가 많습니다. 이제 연공서열, 종신고용 따위는 없습니다. 갑자기 조기퇴직, 명예퇴직을 강요당하거나 자회사로 좌천되기도 합니다. 미래의 리스크가 너무 높아졌습니다. 안정된 대기업에서 일해도 불안하기는 마찬가지입니다. 이제 회사에 도움이 되지 못하면 회사는 당신의 장래를 보장해주지 않습니다.

현대의 경제상황은 급변합니다. 일의 룰, 출세의 룰, 조직의 룰이 빠르게 바뀌고 있습니다. 이런 위기를 인지하지 못하거나 알고 있지만 대책을 세우지 않는 사람이 많습니다. 고도 성장기를 보낸 세대에게 주로 해당되지만 고도성장이 무엇인지, 출세가 무엇인지 모르는 젊은 세대에게도 크게 다르지 않습니다.

회사나 조직에서 살아남거나 전직이나 창업에 성공하려면 퇴근 후나 휴일의 시간을 활용해 실력을 쌓아야만 합니다. 끊임없이 공부하지 않으면 어디를 가서 무엇을 해도 인정받지 못합니다. 패배자의 인생만이 기다립니다. 업무시간에는 따로 공부할 시간이 없습니다. 직장에서는 동료와 비슷한 일을 합니다. 동료와 비슷하게 노력하면 조금 차이가 나도 당장은 크게 문제되지 않습니다. 개개인의 능력 차이는 밤과 휴일을 활용해 얼마나 공부하느냐에 달려 있습니다. 개인 시간을 어떻게 보내느냐가 성공을 좌우한다는 말입니다.

명확한 목표를 정하고 밤과 휴일에 공부해야 합니다. 세상은 너무나 빨리 변합니다. 과거의 지식과 공부는 크게 도움이 되지 않을 수 있습니다. 승패의 갈림길은 공부를 하느냐, 마느냐입니다. 개인적으로 공부해서 새로운 지식을 쌓아야 합니다.

장단기 계획을 세워 공부합시다. 직장인이라면 비즈니스스쿨, 로스쿨, 경영자교육과정에 다니면 좋습니다. 요즈음에는 개인적으로 변호사, 사법서사, 공인회계사, 변리사를 목표로 공부하는 사람이 많아졌습니다. 미래에 대비해 스펙을 틈틈이 쌓고 있는 것입니다. 현명한 사람들입니다. 남에게 보여주기 위한 스펙이 아니고 자신이 성취하고 싶은 스펙을 쌓아야 합니다. 자격증을 따더라도 굳이 전직할 필요는 없습니다. 보장이 확실한 보험에 들었다고 생각하십시오. 합격을 목표로 열심히 노력하면 좋은 점이 많습니다. 먼저 성실하고 근면한 생활을 할 수 있게 됩니다. 공부한 것을 업무에 활용할 수 있습니다.

배움에 필요 없는 것은 없습니다. 그러나 자신에게 필요하거나 업무에 도움이 되는 공부를 하면 많은 도움이 됩니다. 제가 미국에서 일할 때는 개인적으로 공부하지 않으면 직장생활을 유지할 수 없었습니다. 완전한 프로페셔널의 세계였기 때문에 개인적으로 공부하지 않으면 뒤처졌습니다. 한번 뒤처지기 시작하면 걷잡을 수 없이 격차가 커집니다. 그래서 진정한 프로페셔널이 되려면 끊임없이 공부해야 합니다.

저는 낮에는 일하고 밤과 휴일에는 공부해서 비즈니스스쿨의 박사과정을 마쳤습니다. 미국공인회계사(CPA), 미국내부감사사(CIA), 미국관리회계사(CMA)자격을 취득했습니다. 매일 3시간, 주말에는 16시간 정도 공부했습니다. 신입사원으로 입사해 일을 하면서 비즈니스스쿨을 졸업할 때까지 꼬박 10년이 걸렸습니다. 10년 동안 쉬지 않고 공부했습니다.

회사에서는 실무를 배웠습니다. 비즈니스스쿨의 수업과 각종 자격시험 공부를 통해 이론을 익혔습니다. 실무와 이론은 국제경영컨설턴트로 자립하는 데 큰 도움이 되었습니다. 어떤 의뢰가 들어와도 처리할 수 있는 능력이 생겼습니다. 노력은 배신하지 않았습니다. 제가 다른 사람보다 머리가 좋거나 능력이 출중해서 일과 학업을 병행할 수 있었던 것이 아닙니다. 목표를 세우고 노력한 결과라 생각합니다. 우리는 남들이 이루어 놓은 것을 보며 '대단해, 나는 할 수 없을 거야'라고 지레 꼬리를 내리는 패배의식이 있습니다. 그런 생각을 하면 안 됩니다. 남들이 할 수 있기 때문에 당신도 할 수 있습니다. 노력하지 않기 때문에 성취하지 못할 따름입니다.

현대의 비즈니스맨은 프로페셔널이 되어야 합니다. 전문지식, 어학력, 커뮤니케이션 능력, 인간관계, 매니지먼트 능력, 리더십이 필요합니다. "목표를 달성한 사람은 열심히 공부한 사람이다!" 이 말을 잊어서는 안 됩니다. 어떤 직종이든 성공한 사람은 공부와 연구를 게을리 하지 않은 사람입니다. 공부에 태만해서는 안 됩니다. 공부 없이 성공은 없습니다.

모든 회사와 조직은 실력 있는 사람을 필요로 합니다. 요행히 좋은 회사에 들어갔다 해도 실력이 없으면 살아남을 수 없을 뿐 아니라 버텨내지도 못합니다. 비즈니스 세계는 냉정합니다. 열심히 공부해서 실력을 쌓읍시다. '언제부터 공부하지?'라고 생각하는 사람이 있을 것입니다. 그 언제가 '바로 지금'입니다.

동향과
정보 수집

지금 세상은 과거와는 비교할 수 없을 정도의 빠른 속도로 글로벌화가 진행되고 있습니다. 중소기업도 대기업과 마찬가지로 국내기업은 물론이고 외국기업과 경쟁해서 이겨야 합니다. 제가 컨설팅하는 벤처기업들도 외국기업과의 경쟁이 치열합니다. 중소기업의 경우 과거에는 국내 경쟁사의 동향을 파악하고 전략을 세우면 유지가 되었지만 지금은 전 세계 기업의 움직임을 체크하고 전략을 짜야 합니다. 전 세계에 퍼져 있는 경쟁회사의 기술·상품·시스템·서비스를 철저히 파악하지 않으면 망하는 건 시간문제입니다.

지금은 국제경쟁시대입니다. 전장이 국제화되었습니다. 비즈니스는 약육강식의 치열한 세계입니다. 국내외를 불문하고 경쟁회사를 이기려면 그들을 연구하고 전략을 세워야 합니다. 국내외 경쟁회사의 정보 수집은 그 일의 첫걸음입니다. 일처리가 빠른 사람은 끊임없이 경쟁회사를 연구합니다. 모든 경쟁회사의 기술·상품·시스템·서비스 정보를 입수하려 노력하고 어떻게 해야 앞서 나갈 수 있을까를 연구합니다. 경쟁회사의 동향을 파악하고 분석하는 것은 회사에 큰 도움이 됩니다. 경쟁회사의 유능한 직원도 자신이 재직한 회사에 공헌하려 정보 수집을 게을리 하지 않습니다.

제가 국제회계·경영컨설팅회사에서 일했던 시절에는 끊임없이 경쟁회사의 동향을 파악하려 힘썼습니다. 경쟁회사가 새로운 일을 시작했을 때는 새로운 일에 관한 정보 수집에 열중했습니다. 입수한 정보를 바탕으로 전략을 세우고 대응책을 마련했습니다. 경쟁회사의 움직임에 재빨리 대처하지 않으면 경쟁 우위에 서지 못합니다. 순식간에 밀려납니다. 고객을 잃고 결국은 망합니다. "너무 바빠서 조사할 시간이 없었습니다." 이런 말은 프로페셔널의 세계에서는 통용되지 않습니다. 이런 변명은 '나는 업무시간에만 일을 하는 무능한 사람'이라는 의미입니다.

회사나 조직에 공헌할 수 있는 요소를 얼마나 만드느냐가 중요합니다. 업계동향이나 경쟁회사에 관한 정보 수집 등은 집으로 돌아온 밤에 합니다. 일 잘하는 사람이 되고 싶으면 밤 시간을 활용해 업무에 필요한 정보를 수집합시다. 업계 전체를 보는 눈이 달라져 회사공헌도에 큰 차이가 생깁니다.

성장의
지름길,
인성독서

능력 있는 사람과 그렇지 않은 사람의 차이는 '인성독서'가 좌우합니다. 인성독서는 인성을 키우는 독서를 말합니다. 인성을 키우는 독서는 지식을 쌓는 독서와 다릅니다. 책 한 권을 읽을 때마다 인간적으로 성장하는 독서법이 인성을 키우는 독서입니다. 독서를 하면 당연히 지식이 쌓입니다. 저는 지식 이외에 감동·공감·반성·결심이 생기는 독서법을 '인성독서'라고 부릅니다. 머리로만 책을 읽으면 안 됩니다. 마음으로 읽어야 합니다. 그래야 지혜가 생겨 총명해집니다. 너무 추상적인가요? 알고 나면 너무 간단한 독서법입니다. 책을 읽다가 마음에 와 닿는 부분이 있으면 책읽기를 멈추고 생각합니다. 자신을 돌아보거나 비교합니다.

　읽고 지나치는 독서는 효과가 반감됩니다. 일 잘하는 사람은 인성을 키우려고 독서를 합니다. 인성독서를 하면 문제의식이 생깁니다. 문제의식은 성공의 근원입니다. 마음으로 책을 읽어야 인간적으로 성장합니다. 인성이 좋은 사람이 일도 잘합니다. 인성이 좋으면 도와주는 사람이 많아집니다. 결국 멋진 성공을 이룰 수 있습니다. 집으로 돌아가 마음이 안정되면 인성독서를 하십시오. 사람과 일을 대하는 마음가짐이 달라질 것입니다. 책을 읽으며 감동·공감·반성·결심한 것을 노트에 적으면 더욱 효과가 있습니다. 인성을 기르는 데는 이만한 것이 없습니다. 글로 쓰면 생각이 정리되어 문제점과 요점이 명확히 보입니다. 책 내용을 더욱 깊이 이해할 수 있어 자신의 마음을 잡거나 인간적 성장을 이룰 수 있습니다.

　감동·공감·반성·결심을 하며 읽는 인성독서를 꾸준히 하면 높은 목표가 생기고 의욕이 생깁니다. 인성독서를 계속해야 의욕이 지속됩니다. 책을 읽으며 배운 지식과 느낀 마음을 일에 활용합시다. 일하면서 감동·공감·반성·결심하면 더할 나위 없이 좋습니다.

　어떤 장르의 책이라도 좋지만 저에게 유용했던 분야의 책은 자서전이나 전기, 회고록, 성공담과 실패담, 비즈니스방법 등 자기계발서와 비즈니스 책입니다. 철학과 심리학책도 많은 도움이 되었습니다. 자서전이나 전기는 세계적인 업적을 남긴 사람들의 일대기를 그린 작품입니다. 그들이 어떤 환경에서 어떻게 성공했는지를 가장 잘 알려주는 책입니다. 위대한 경영자나 성공한 리더의 자서전이나 전기에는 성공한 이유가 오롯이 담겨 있습니다. 아무리 위대한 사람도 좌절을 겪습니다. 목표를 세우고 노력했지만 실패를 합니다. 부단히 노력해 그 좌절을 딛고 다시 성공합니다. 위대한 사람들은 모두 그러합니다.

생각해 보십시오. 우리가 알고 있는 위인 중에 노력하지 않은 사람이 있습니까? 좌절하지 않은 사람이 있습니까? 가까운 예로 여러분이 잘 아는 스티브 잡스가 있습니다. 그 사람들을 마음으로 배우고 따라 하면 반드시 성공합니다. 밤이 되면 차분히 인성독서를 합시다. 용기와 희망이 생깁니다. 인간적으로 성숙합니다. 반성하고 따라 하면 자연히 실력이 붙습니다.

제 9 장

꿈이 오늘 하루를 밀고 갔노라

잠자기 전 반성과 결의

'반성·결의일기'는 자기계발의 기본기
짧은 시간이라도 매일, 가족과 대화합니다
친구야 고맙다
최신 유행이나 트렌드 정리하기

생의 마지막 날인 것처럼,
오늘을 살아라.

부처

'반성·결의일기'는 자기계발의 기본기

저는 자기 전에 하루를 결산하고 반성하며 다음 날 노력하려는 결의를 합니다. 하루의 승부는 시작 시점인 아침에 달려 있습니다. 저는 아무리 힘들어도 정한 시간에 일어납니다. 일어나자마자 재빨리 움직이며 전투태세에 돌입합니다. 그렇게 하려면 전날 미리 마음의 준비를 해야 합니다. 취침 전에 하루를 반성하고 내일을 위한 결의를 합니다.

반성은 일기가 최고입니다. 효과적으로 반성하려면 머릿속에서 하루를 돌아보는 것에 그치지 말고 글로 쓰는 것이 좋습니다. 반성의 포인트를 적으면 실수나 실패의 원인을 알 수 있습니다. 일기는 같은 잘못을 반복하지 않게 만드는 가장 좋은 방법입니다. 자신의 생각이 가장 잘 정리된 때가 언제인지 돌아보십시오. 마음속에서 생각하거나 돌아볼 때가 아닙니다. 차분하게 자신의 생각을 글로 적을 때입니다. 반성하기 위해서는 일어난 사실을 정확히 파악해야 합니다. 왜 그런 일이 벌어졌는지, 왜 실수나 실패를 했는지를 냉정히 분석해야 합니다. 일기를 쓰며 하루에 일어난 일을 파악하고 분석해 반성하고 결의합니다. 목표달성을 위한 결의는 글로 쓰면 효과가 있습니다. 글로 쓰면 모호했던 것이 명확해지고 현실감이 들어 어떤 일이든 맞설 수 있는 용기가 생깁니다. 해야 할 일을 확인하고 잊지 않게 됩니다.

저는 고등학교 3학년 때부터 일기를 썼습니다. 저는 이 일기를 '반성·결의일기'라고 부릅니다. 반성을 하면 자신의 단점이 보이고 어떻게 그 단점을 극복해야 하는지를 생각하게 됩니다. 저는 좀처럼 목표를 달성하기 어려웠습니다. '반성·결의일기'를 쓰며 같은 반성과 결의를 수백 번도 더 한 뒤 마침내 목표를 달성했습니다. 만약 제가 '반성·결의일기'를 쓰지 않았다면 저의 꿈과 목표를 달성할 수 없었을 것입니다.

지금도 반성과 결의를 해야 하는 일이 많습니다. '반성·결의일기'를 계속 쓰면 자신감이 생깁니다. 여러분도 반드시 '반성·결의일기'를 쓰십시오. 매일 쓰기 힘들다면 이삼일에 한 번도 좋습니다. 일기를 쓰다보면 그 효과에 놀라 계속 쓰게 될 것입니다. 저처럼 많은 반성과 결의를 반복할지도 모르지만 계속해서 '반성·결의일기'를 쓰면 반드시 목표가 달성될 것입니다.

'반성·결의일기'는 일종의 자기암시입니다. 자신이 이루고 싶은 것을 지속적으로 자기암시하면 이룰 수 있습니다. 자기 전에 자기암시를 반복하면 정신통일이 되어 효과가 좋습니다. 제가 제안하는 자기계발은 기본적인 것이 많습니다. 저는 초등학교에서나 했던 위인전 읽기나 일기쓰기 등 유치해 보이는 방법을 권유합니다. 중요하기 때문에 초등학교 시절부터 시키는 것입니다. 무슨 일이든 기본이 가장 중요합니다.

짧은 시간이라도
매일,
가족과
대화합니다

맞벌이 부부가 대세입니다. 부부 모두가 전쟁 같은 하루를 보내고 피곤해진 몸으로 집에 돌아옵니다. 꿈과 목표를 향해 필사적으로 일합니다. 그러다보니 바쁘고 먹고살아야 한다는 핑계로 가족 간의 대화가 없거나 가족에게 무관심한 것도 일상화가 된 듯합니다. 하루 일을 마치고 집에 돌아오면 체력과 정신이 모두 지쳐 있습니다. 늦게 귀가하면 서로 얼굴 볼 시간도 없습니다. 자신이 피곤해 가족에게 신경 쓸 여유가 없습니다. 그러나 가족과 가정이 없이 일을 계속해 나갈 수 있을까요?

목표달성을 향해 돌진하는 것은 중요합니다. 장래를 위해 조금이라도 젊을 때 열심히 일해야 합니다. 목표를 향해 집중적으로 노력하려면 안정된 가정이 전제조건입니다. 가정이 불안한 상태로는 전력을 다할 수 없습니다. 가족을 소홀히 하며 일에만 매달리면 갑자기 가정불화나 가족붕괴가 생겨 당신의 발목을 잡습니다.

 일은 잘하지만 가족을 등한시해 모든 것을 잃고 실의에 빠진 사람이 많습니다. 전에 근무했던 회사의 선배도 '업무의 달인'이라는 말을 들을 정도로 뛰어난 실력을 보였습니다. 집으로 거의 돌아가지 않고 일에 매달렸습니다. 가족과의 대화는 끊어진 지 오래였습니다. 어느 날 철야하고 집으로 돌아가니 비극이 기다리고 있었습니다. 아내가 '일밖에 모르는 사람하고는 살 수 없습니다. 안녕'이라는 편지를 남기고 2살배기 아이와 사라지고 말았습니다. 그 후 선배는 일에 의욕을 잃고 회사를 그만두었습니다. 실의에 빠져 알코올 중독자가 되었고 결국 패인이 되었습니다. 그 선배에게는 사랑하는 아내와 아이가 있는 가정이 삶의 보람이었습니다. 가정이 사라지자 삶의 의미가 사라졌습니다. 가정이 존재했으므로 삶의 보람이 있었고 맹렬히 일할 수 있었습니다.

 가족과 좋은 관계를 만들어 가정을 안정시키려면 어떻게 해야 할까요? 가족과 대화를 해야 합니다. 가족을 위해 시간을 쓰고 봉사해도 대화가 없으면 아무런 효과가 없습니다.

제가 가장 존경하는 대기업의 사장이 있습니다. 그 사람은 20대에 큰 조직의 리더가 된 뒤부터 365일 대부분을 밤늦게까지 일하고 집으로 돌아갑니다. 그것을 50년 동안 계속했습니다. 가장이 매일 밤늦게까지 일하면 그 가정은 반드시 붕괴됩니다. 미국이라면 틀림없이 이혼입니다. 그러나 그 사람의 가정은 무척 화목합니다. 아내는 현명하고 알뜰합니다. 아이들은 아버지의 모범적인 생활을 보고 배워 자신들도 좋은 리더가 되었습니다. 저는 그 사람에게 좋은 가정을 유지하는 비결을 물었습니다. 다음은 그의 대답입니다.

"가족과 같이하는 시간이 길다고 좋은 것이 아닙니다. 가족에게 돈을 많이 벌어 주거나 물건을 사주는 것은 필요하지만 그것이 좋은 가정을 유지하는 비결은 아닙니다. 가정을 원만하게 이끄는 포인트는 물질적인 무언가를 해주는 것이 아닙니다. 저는 짧은 시간이라도 매일 대화하기위해 노력합니다. 마음을 열고 성심성의껏 대화를 시도합니다. 아버지가 가족을 알려는 노력과 애정을 보이면 바쁜 것을 뻔히 아는 가족은 감동합니다. 서로 존경하는 마음이 생깁니다. 탄탄한 신뢰관계가 구축됩니다. 얼굴을 보지 못하고 같이 생활하지 못해도 가족이 서로 이해하고 지원합니다. 짧은 시간이라도 진심어린 대화를 하면 정신적으로 단결됩니다."

아내와 자녀들은 가장을 남편, 아버지, 리더로서 존경하고 신뢰했습니다. 가장이 항상 집에 있지는 않았지만 가정에는 이해와 사랑이 넘쳤습니다. 그는 일이 끝나고 밤늦게 귀가해도 아내와 대화했습니다. 주말이면 잠자리에 들기 전에 자녀들과 대화했습니다. 아내와 자녀들의 고민을 듣고 성심성의껏 해결하려 했습니다.

제가 아는 다른 대기업의 사장은 이렇게 말했습니다.

"큰일을 하려면 가정을 소중히 여겨야 합니다. 가정이 흔들리면 일에 집중할 수 없습니다."

저는 경제계에서 큰 업적을 남긴 그 사장의 말에 큰 감동을 받았습니다. 가족과 가정을 등한시 하고 꿈과 목표를 달성할 수 없습니다. 꿈과 목표를 달성했다 하더라도 가정이 없으면 아무 의미가 없습니다. 열심히 일하는 이유는 가족 때문입니다.

자기 전에 짧은 시간이라도 가족과 대화를 하면 가정의 기반이 튼튼해집니다. 목표를 달성하기 위해, 가정을 위해, 매일 가족과 대화하려고 노력합시다.

친구야
고맙다

삶과 일에서 큰 힘이 되는 존재는 허심탄회하게 의견과 정보를 교환하며 격려를 아끼지 않는 친구입니다. 형제같이 친한 친구가 얼마나 있느냐에 따라 자신의 인간적인 매력이 결정됩니다. 제가 전에 일하던 회사의 직속상관은 친구의 중요성을 강조했습니다. "무엇이든 말할 수 있고 어떤 일이든 협력할 수 있는 친구를 많이 만들어라. 당신의 미래에 무엇과도 바꿀 수 없는 재산이 될 것이다." 그 당시에는 이 말의 의미를 이해했지만 실감하지는 못했습니다. 그러나 홀로 선 뒤로는 이 말의 의미를 강하게 느꼈습니다. 형제처럼 친한 친구가 정신적, 물질적 도움을 많이 주었기 때문입니다.

저에게는 유사시에 서로 도움을 줄 수 있는 친구가 많습니다. 경영인, 회사원, 국제변호사, 공인회계사, 세무사, 경영컨설턴트, 정치가, 벤처투자가, 엔젤투자가 등 약 50명입니다. 저의 직업이 국제경영컨설턴트라는 전문직이므로 저와 업종이 비슷한 친구들이 대부분입니다. 전문직에 종사하는 친구들이 많지만 학창시절의 선배, 후배, 동창생도 있고 봉사활동과 업무관계로 만나 친해진 사람도 있습니다. 이 친구들과는 마음이 잘 맞아 언제든지 터놓고 의견과 정보를 교환 합니다.

바쁜 와중에도 친구들과는 자주 연락을 하는 편입니다. 전화, 팩스, 이메일, 문자메시지 중 시간대와 목적에 맞는 방법을 사용합니다. 서로 기쁜 마음으로 연락합니다. 낮에는 서로가 바빠서 가능하면 자기 전에 의견과 정보를 교환합니다. 여러 가지 이야기를 하다보면 흥분해서 꿈과 목표를 이야기하게 됩니다. 서로 격려하고 성공을 기원합니다.

경영자는 고독한 존재입니다. 저도 경영자 말석에 있는 사람이므로 가끔 고독감을 느낍니다. 그럴 때 친구의 의견·어드바이스·격려는 큰 힘이 됩니다. 친구와 대화를 하면 다음 날 열심히 하겠다는 강한 의욕이 생깁니다. 진정한 친구는 정말 고마운 존재입니다. 미국에서 일할 때 직장상사에게서 "진정한 친구를 만들어라"라고 귀에 못이 박힐 정도로 들었습니다. 그래서 진정한 친구 만들기에 힘썼고 약 50명의 친구를 만들 수 있었습니다.

각 분야의 전문가와 경험이 풍부한 선배경영자에게 매일 밤 도움을 받습니다. 다음 날 필요한 정보나 어드바이스를 취침 전에 받습니다. 원래 돈을 지불해야 하지만 일절 돈을 개입시키지 않습니다. 이익을 따지지 않고 형, 동생 입장에서 걱정하고 도와줍니다. 저도 진심으로 도와주려고 노력합니다. 저의 전문분야인 국제비즈니스, 벤처비즈니스, 경영컨설팅에 관해서는 친구들을 지원하고 어드바이스합니다. 상부상조합니다.

다른 사람을 격려하려면 자신도 노력해야 합니다. 자신이 지키지 못하는 일을 남에게 하라고 할 수는 없습니다. 남을 격려하는 것은 자신을 격려해 기합을 넣는 것과 같습니다. 친구와 서로 격려하고 의견과 정보를 교환하면 목표달성이 쉬워집니다. "모두 열심히 하는데, 나도 열심히 하자"라고 분발하게 됩니다.

낮에는 서로 바쁩니다. 자기 전에 서로 연락하면 차분하게 의견과 정보를 교환할 수 있습니다. 다음 날 의욕을 이끌어내는 효과가 있습니다.

최신 유행이나
트렌드
정리하기

잠자리에 들기 전은 하루 중 가장 차분해지는 시간대입니다. 긴장을 떨치고 편해지고 싶은 때입니다. 이제 푹 자는 일만 남았습니다. 잠들기 전에 아무것도 하지 않고 시간을 보내면 아깝습니다. 중요하지만 낮에는 바빠서 못한 것을 해야 합니다. 일 잘하는 사람이 되는 방법 중 한 가지는 텔레비전, 인터넷, 신문, 잡지, 책 등을 통해 알아야 할 정보와 알고 싶은 정보를 얻는 것입니다. 특정분야의 정보에 치중하지 말고 지금 유행하는 것이나 일하는 데 도움이 되는 정보를 입수합시다.

저는 자기 전에 인터넷으로 알고 싶은 정보를 키워드로 검색합니다. 다양한 정보를 얻어 업무에 활용합니다. 얻은 정보를 기획서나 보고서 작성에 참고합니다. 저는 회사 경영과 경영컨설턴트라는 본업 외에 집필도 합니다. 텔레비전, 인터넷, 신문, 잡지는 책의 타이틀·목차·내용을 결정하는 데 없어서는 안 될 정보원입니다. 지금의 트렌드나 유행에 대한 정보를 입수하지 못하면 세상의 움직임을 알 수 없습니다. 큰 사건이나 사고의 원인을 이해하려면 신문의 사설이나 잡지의 칼럼을 잘 읽어야 합니다. 벌어진 사건의 문제점을 파악하고 말로 잘 설명하고 토론할 수 있어야 합니다. 일 잘하는 사람으로 평가받으려면 그 정도는 준비해야 합니다.

세상에는 우연이란 없습니다. 모든 것은 필연입니다. 원인이 있으므로 그 원인에 반응해서 결과가 나옵니다. 문제의식을 가지고 사건, 사고를 분석하는 습관을 가집시다. 일 잘하는 사람이 되고 싶으면 최신 유행이나 트렌드를 파악해야 합니다. 왜 유행하는지 나름대로 분석하고 간단하게 설명할 수 있도록 노력합시다.

매일 밤 자기 전에 매스미디어를 통해 정보를 입수합시다. 직장에서 일할 때는 바쁘고 긴박합니다. 해야 할 일도 많습니다. 바쁜 업무시간에 일과 관련 없는 인터넷서핑을 하거나 주식투자를 하는 직장인이 많습니다. 그래서는 안 됩니다. 일하는 시간에는 일에 집중해야 성공할 수 있습니다. 인터넷을 통한 정보 수집은 자기 전에 합시다. 자기 전에는 마음이 차분해집니다. 여유 있게 즐기며 정보 수집을 합시다.

매일 밤 자기 전에 정보 수집을 하면 최신 트렌드를 알고 있는 사람으로 인정받으며 센스 있는 사람으로 평가받습니다. 저는 신입사원 시절부터 지금까지 텔레비전, 라디오, 인터넷, 신문, 잡지에서 크게 취급하고 있는 사건이나 사고를 매일 밤 조사하고 분석합니다. 지금도 알아야 할 정보나 알고 싶은 정보가 있으면 자기 전에 차분히 조사합니다. 지금의 세상은 정보전입니다. 매일 밤 적극적으로 새로운 정보를 입수합시다.

에
필
로
그

인생을 걸어야 한다

저는 고등학교를 졸업할 때까지 열등생이었습니다. 공부·운동·놀이 무엇이든 잘하는 것이 없었습니다. 그렇게 아둔한 사람이었기 때문에 목표를 세울 수 없었고 목표를 세운다는 생각도 못했습니다. '목표를 세운다 해도 달성할 수 없다'라고 생각해 포기했습니다. 공부도 잘하지 못해 학교성적은 늘 하위권이었습니다. 보통사람보다 이해력과 기억력이 떨어지는 편이었습니다. IQ도 별로 좋지 않았던 것으로 기억하고 있습니다. 공부하려는 의욕 자체가 없었습니다. 특히 영어와 국어 같은 어학과목을 싫어했습니다. 창피한 이야기이지만 두 과목 모두 낙제한 경험이 있습니다.

그런데 어느 날 제 인생을 바꾸는 큰 사건이 발생했습니다. 고등학교 3학년 때 영어를 잘 구사하는 국제경영컨설턴트를 만났습니다. 그때 국제경영컨설턴트라는 일에 동경심이 생겼습니다. 영어를 잘 구사하는 그의 모습이 너무나 멋져 보였습니다. 제 능력은 생각지도 않고 국제경영 컨설턴트가 되리라고 마음먹었습니다. 그날 이후 국제경영컨설턴트가 저의 꿈이 되었고 일생의 목표가 되었습니다. 그러나 성적이 너무 나빠 대학진학도 불투명한 상태였습니다. 그런 저에게 국제경영컨설턴트는 말도 안 되는 목표였습니다. 저는 친한 사람들과 상담했습니다. 그들은 이구동성으로 "불가능하다"라고 말했습니다. "너에게 그런 능력이 있을 턱이 없다"라고 비아냥대는 사람도 있었습니다.

그러나 도저히 포기할 수 없었습니다. 저는 결심했습니다. "이대로 산다면 내 인생은 볼썽사납게 끝나버릴 것이다. 만약 포기한다면 패자부활 할 수 있는 기회를 놓치게 된다. 바보같고 의지력 약한 내가 불가능한 목표를 달성하는 모습을 보여주자. 지금까지 살아 온 인생이 엉망이어서 다른 사람처럼 노력해도 쉽게 이루지 못할 것이다. 내 인생을 걸어야 한다."

그때부터 저는 목표를 달성하기 위해 노력했습니다. 태어나서 처음으로 제 목표를 향해 도전했습니다. 1992년 미국에서 꿈에도 그리던 국제경영컨설턴트로 독립하고 1997년에 일본으로 돌아왔습니다. 2000년부터 지금까지 일본과 아시아 시장을 대상으로 활동하고 있습니다. 이 책에 소개한 방법 덕분에 글로벌 비즈니스를 할 수 있었고 발전할 수 있었습니다. 발전을 거듭한 우리 회사는 창업 20년을 맞이합니다.

'국제경영컨설턴트가 되겠다'는 불가능을 가능으로 만들 수 있었던 것은 이 책에서 소개한 '업무방법'을 실천했기 때문입니다. 복싱으로 비유하자면 저의 싸움은 이제 겨우 1라운드가 끝났습니다. 아직 14라운드가 남았습니다. 마지막 라운드는 아직 시작도 안 했습니다. 방심하면 2라운드에서 케이오 당할지도 모릅니다. 더욱 열심히 살아야 합니다. 저는 제 인생 최강의 적인 자신과의 싸움에서 이길 자신이 있습니다. 이 책에서 소개한 업무습관이 몸에 배어 있기 때문입니다.

본업 이외에 가장 달성하고 싶은 목표는 글쓰기입니다. 100권 이상의 책을 쓰고 1,000만 부 이상을 팔려고 합니다. 이 목표도 여기서 소개하는 방법으로 반드시 달성할 것입니다. 저는 국어실력이 없었습니다. 고등학교를 졸업할 때까지 몇 번이나 낙제점을 받았습니다. 그랬던 제가 책을 낸다는 것은 기적에 가까운 일입니다. 제가 할 수 있으면 여러분도 할 수 있습니다. 자신만의 목표를 세우고 이 책에서 알려주는 대로 노력하면 기적이 일어날지도 모릅니다. 형편없었던 저도 하나씩 이루어가고 있습니다. 여러분도 저와 함께 인생 최강의 적인 자신과 싸워보지 않겠습니까? 치열하게 싸우다 보면 엄청난 일이 이루어져 있을 것입니다.

감사합니다!

오늘을 잃지 않는 기술
하루습관

1판 1쇄   펴낸날   2013년 4월 12일
1판 3쇄   펴낸날   2013년 7월 10일

지은이   하마구치 나오타
옮긴이   고경문

펴낸이   하연수
펴낸곳   기획출판 거름

출판등록   제7-11호(1979년 6월 28일)
            121-820 서울시 마포구 망원동 338-78 정하빌딩 2층

이메일   keorum1@naver.com
Tel   (02)333-2121 | Fax   (02)333-7877

ISBN   978-89-340-0399-1   13320

* 책값은 뒤표지에 있습니다.
* 잘못 만들어진 책은 구입하신 곳에서 바꾸어 드립니다.
* 이 책은 저작권법에 따라 보호받는 저작물이므로 무단 전재와 무단 복제를 금합니다.